나는 1년차 교사입니다

나는 1년 차 교사입니다

(대한민국 초임 교사의 좌충우돌 성장 스토리)

[행복한 교과서®] 시리즈 No. 51

지은이 ㅣ 강하은
발행인 ㅣ 홍종남

2020년 8월 1일 1판 1쇄 인쇄
2020년 8월 8일 1판 1쇄 발행

이 책을 만든 사람들
책임 기획 ㅣ 홍종남
북 디자인 ㅣ 김효정
교정 교열 ㅣ 이홍림
출판 마케팅 ㅣ 김경아
제목 ㅣ 구산책이름연구소

이 책을 함께 만든 사람들
종이 ㅣ 제이피씨 정동수 · 정충엽
제작 및 인쇄 ㅣ 천일문화사 유재상

펴낸곳 ㅣ 행복한미래
출판등록 ㅣ 2011년 4월 5일. 제 399-2011-000013호
주소 ㅣ 경기도 남양주시 도농로 34, 부영e그린타운 301동 301호(다산동)
전화 ㅣ 02-337-8958   팩스 ㅣ 031-556-8951
홈페이지 ㅣ www.bookeditor.co.kr
도서 문의(출판사 e-mail) ㅣ ahasaram@hanmail.net
내용 문의(지은이 e-mail) ㅣ hani2829@naver.com
※ 이 책을 읽다가 궁금한 점이 있을 때는 지은이 e-mail을 이용해 주세요.

ⓒ 강하은, 2020
ISBN 979-11-86463-51-2
〈행복한미래〉 도서 번호 082

나는 1년차 교사입니다

| 강하은 지음 |

행복한미래

초임 교사의 몸부림에 대한 기록

처음 교단에 서던 날, 얼마나 가슴이 떨렸는지 모릅니다. 심장은 쿵쿵거렸고, 얼굴은 경직되어 로봇처럼 입만 웃고 있었으며, 손도 덜덜떨리고 목소리는 요동을 쳤지요. 하지만 저는 아이들에게 최고의 스타교사이자 인생을 바꿔줄 멘토가 되고 싶었습니다. 그 열정은 저를 한없이 좌절하게도 만들었지만, 느껴본 적 없는 커다란 기쁨을 주기도 했습니다. 이 책은 그런 초임 시절의 좌절과 기쁨에 대한 솔직한 기록이며, 더 잘하고자 거듭했던 고민과 번뇌에 대한 가감없는 기록입니다.

이 책을 세상에 내놓는 2020년에 저는 교직 생활 3년 차에 들어섭니다. 아직 교직에 대하여 아는 것보다 모르는 것이 훨씬 많습니다. 그렇기에 이 책은 당연하게도 교직에 통달한 사람의 글이 아닙니다. 뛰어난 교사가 다른 교사들에게 건네는 조언의 글도 아닙니다. '이렇게 하면 된다'고 정답을 알려주는 글도 아닙니다. 이 책은 그저 교직에 입문한 새내기 교사의 눈으로 바라본 학교의 모습을 솔직하게 담아냈을 뿐입니다. '이렇게 하면 된다'가 아니라 '이렇게 한번 해봤어요' 하고 선생님들께 이야기를 들려드리는 글입니다.

그래서 한없이 조심스럽고, 이 책을 쓰기까지 무척이나 많은 시간이 필요하기도 했습니다. 혹시라도 선생님들께 잘못된 이야기가 전달되지는 않을지, 주제 넘는 말들로 불편함을 드리지는 않을지 걱정이 되어 쉽게 글이 나오지 않았습니다. 그렇지만 스물네 살의 어린 나이에 교직 생활을 시작하면서 겪어야만 했던 우여곡절들, 그리고 그 우여곡절들을 이겨내고 행복한 교직 생활을 일구어내기 위해 초임 교사로서 고민했던 많은 것들을 솔직하게 담은 기록입니다.

저는 감사하게도 정말 행복하게 교직 생활을 시작했습니다. 말썽을 부리는 아이들 때문에 지치고 힘들어 눈물짓는 날도 있었지만, 사랑스러운 아이들 덕분에 가슴이 따뜻해져 함박웃음을 짓는 날들이 훨씬 더 많았습니다. 아이들의 날카로운 말에 상처를 받을 때면, 지치지 말라는 듯 다른 아이들이 포근하게 저를 위로해주었습니다. 눈앞이 캄캄하고 모든 것이 틀어질 것만 같던 때는 주변 선생님들께서 아낌 없는 격려와 사랑을 주셨기에 다시 일어날 수 있었습니다. 그렇게 하루하루를 살아내다 보니 어느덧 꼬박 2년의 세월이 흘렀고, 이제는 3월이 다가와도 크게 긴장하지 않는 배짱을 지닌 3년 차 교사가 되었습니다.

먼저 제가 교사로서 만난 학교의 모습은 어땠는지 책에 담으려 했습니다. 불과 10여 년 전과 비교해봐도 너무나도 달라진 이 시대 학교의 민낯을 알려드립니다. 그다음에는 여러 가지 힘든 상황에도 불구하고 행복한 교직 생활을 할 수 있었던 이유를 담았습니다. 새내기 선생님인 제가 아이들을 바라보는 어리숙하지만 따뜻한 시선, 아이들을 대하는 자세, 그리고 동료 선생님들과의 협력에 대한 이야기가 적혀 있습니다.

또 우리 반 아이들과 오손도손 따뜻한 학급을 만들기 위한 저의 노력들도 담았습니다. 아이들에게 낯간지럽게 사랑을 표현하는 방법부터, 하나도 무섭지 않은 제가 아이들을 어떻게 지도하는지, 그 방법에 대한 이야기가 담겨 있습니다.

마지막으로 하루 일과의 대부분인 수업에 대한 제 생각을 전해드립니다. 시행착오를 거치며 터득한 아이들을 다스리는 방법부터 수업의 궁극적인 지향점에 대한 저의 고민까지 함께 담아냈습니다.

이 책이 아이들을 가르치는 꿈을 키우고 계실 예비 선생님들에게는 현실의 쓴맛과 달콤한 희망의 향기를 함께 전하기를, 그리고 저와 같이 교직의 초입에서 혼란을 겪고 계실 선생님들에게는 따뜻한 공감과 할 수 있다는 용기를 주기를 바랍니다. 더불어 저보다 경험치가 훨씬 높으실 선배 선생님들께는 오랜 시간 아이들과 함께하며 지쳐 있을 마음에 신선한 자극과 젊은 시절의 향긋한 추억의 시간을 선물해주는 책이 되었으면 합니다.

차례

1부. 호랑이 선생님은 없다

2부. 언니라고 불러도 돼요?

3부. 초임 교사의 학급 운영 스토리

호랑이 선생님은 없다

1

1 호랑이 선생님은 없다

학창 시절, 여러분에게 선생님은 어떤 존재였나요? 1990년대 중반에 태어난 저에게는 학교 선생님이 마냥 호랑이 같은 존재는 아니었지만, 분명 다가가기 어렵고 거스를 수 없는 존재였습니다. 가끔 호기롭게 대들어보기도 했으나 사랑의 매를 들거나 오리걸음을 시키는 선생님 앞에서는 그야말로 깨갱, 이었죠. 저는 나름 사교성이 좋고 선생님들과도 사이가 좋았는데도 이름이 불리면 걱정이 되고 흠칫 놀라거나, 선생님들이 계시는 교무실에는 들어가기만 해도 주눅이 들었던 것 같습니다. 그리고 저는 제 기억 속의 이런 분위기를 생각하며 학교에서 근무를 시작했습니다.

하지만 교사로서 본 '요즘 학교'의 모습은 사뭇 다릅니다. 아이들에게 선생님은 더 이상 무섭고 먼 존재가 아니었습니다. 특히 저와 같은 저연차 교사들은 학생들에게 마치 또 다른 친구 같은 존재인 것 같습니다. 복도 저 끝에서 마치 반가운 친구를 만난 것마냥 "쌤~!" 하고 달려오기도 하고, 그냥 지나치지 않고 꼭 교무실에 들러서 배고프다며 당당히 사탕을 요구하기도 합니다. 갑자기 어두운 얼굴로 찾아와서는 진지하게 연애 상담을 하고, 제 표정이 어두운 날엔 무슨 일이 있으시냐며 넉살을 부리기까지 합니다.

물론 제가 학생들에게 스스럼없이 대하는 편이어서 그렇기도 하겠지만, 기본적으로 학생들의 머릿속에 선생님에 대한 두려움이나 거리감이 없기 때문에 가능한 일입니다. 그렇다 보니 아이들은 저 같은 초임 교사뿐만 아니라, 50세를 바라보시는 학년부장님께도 친근하게 다가갑니다. 한 학생은 "나이가 있으신 선생님들도 결국 그냥 우리 엄마,

'선생'님을 '생선'님으로 바꾼 아이들.

아빠 같은 사람이잖아요"라고 하더군요. 제가 학교를 다닐 때와 비교해보면 확실히 아주 인식이 다른 듯합니다.

　그런데 중요한 건 친근함과 예의 없음이 한 끝 차이라는 것입니다. 선생님을 어렵게 생각하지 않다 보니, 말대꾸를 하는 경우도 매우 흔합니다. 하루는 정해진 자리에 앉지 않은 학생에게 제자리로 돌아가라고 말했더니 "쌤, 저는 여기가 좋은데요? 그냥 봐주세요"라고 아무렇지도 않게 이야기하더군요. 입꼬리 한쪽을 올리고 말이죠. 그럴 때는 화가 나기도 합니다. 어떤 아이는 제 앞에서 친구들에게 아무렇지 않게 욕설을 하기도 합니다. 또 젊은 선생님께 대놓고 외모 지적을 하며 상처를 주기도 하고, 민원을 넣을 거라는 등 일종의 협박까지 하는 아이들도 일부 있었습니다.

　이처럼 요즘 아이들에게 선생님은 더 이상 강자가 아닙니다. 오히려 학부모님을 통해 민원을 넣으면 기가 죽는 '약자'로 인식하고 있는 아이들도 많습니다. 아이들은 친근함과 예의 없음을 오가며 끊임없이 교사를 시험에 들게 합니다.

　몇몇 선생님들께서는 이런 학교 상황에 혀를 차십니다. 교무실에 들어와 저에게 시답잖은 농담을 건네고 가는 아이들을 보며 "요즘 애들은 버릇이 없다"라고 하시기도 하고, 아이들과 친근하게 인사를 주고받는 저에게 "하은 쌤, 아이들과 거리를 좀 두세요"라고 조언해주시기도 합니다. 교직 생활을 길게 하신 선생님들께서는 20년 전, 아니 불과 10년 전과 비교해보아도 너무나 달라진 학교 분위기를 받아들이기 어려우신 것이지요. 선생님 말씀이라면 설사 그것이 부당하다 할지라도 따르던 옛날과는 다르게, 이제는 당연하다고 여겨지는 일에도 "왜요?"를 달고 사는 아이들이 못마땅하실 만도 합니다.

실제로 정말 많은 선생님께서 50대 중반의 젊은 나이에 퇴직을 결심하십니다. 너무나도 달라진 학생들의 모습에 신체적·정신적으로 소진되신 것이지요. 정년퇴임을 하는 분을 찾기가 더 힘든 게 요즘 교직의 상황입니다.

아마 이는 학생인권조례가 시행되고 전면적으로 체벌이 금지된 이후부터 변해온 모습일 것입니다. 우리 학교 현장에서는 오랜 시간 동안 체벌이 허용되어왔고, 이는 학생들에게 교사에 대한 공포감을 가지도록 만들었습니다. 선생님의 말을 거역하면 신체적인 아픔이 따를 것이기 때문에, 거스르지 않고 따랐던 것이라고도 볼 수 있습니다. 하지만 지금은 다릅니다. 선생님이 화가 나셔도 체벌을 하실 수 없다는 것을 알고 있기 때문에 학생들은 자신이 하기 싫은 일에까지 "네"라고 대답하지 않습니다. 그런데 이것이 단순히 자신의 의사를 자유롭게 표현할 수 있게 된 것이라면 좋겠지만, 현실은 그렇지 않습니다. 아이들은 자기 의견을 표현하는 것에서 멈추지 않고 사람 사이에서 기본적으로 지켜야 할 예의를 지키지 않거나, 선을 넘는 행동과 말들을 하기도 합니다.

저는 지금 우리 학교 사회가 일종의 적응기를 지나고 있다는 생각을 합니다. 우선 시스템적인 면에서 그렇습니다. 학교에는 체벌 대신

상벌점제도나 교권보호위원회 같은 제도적 장치가 마련되었지만, 아직 제대로 정착이 되지 못하고 유명무실하게 남아 있는 경우가 많습니다. 이 제도가 아이들의 잘못된 행동을 다스릴 수 있는 유의미한 제도로 자리 잡으려면 앞으로 몇 년간 조금 더 시행착오를 거쳐야 할 것입니다. 이와 더불어, 교사들이 학생들을 대하는 가치관을 바꾸어나가는 적응기이기도 할 것입니다. 체벌이 주된 학생 지도의 도구였던 시대를 지나온 교사들은 체벌 없이 다른 장치나 방식을 통해 아이들을 지도하는 방법을 시행착오를 거치며 터득해나가고 있습니다. 마지막으로는 우리 학생들에게도 적응기일 것입니다. 신체적인 아픔이 따르지 않더라도 스스로 가지고 있는 양심과 도덕성에 비추어 판단하고 행동할 수 있어야 하는데, 그동안 가정에서, 또는 과거의 학교에서 단지 체벌을 피하기 위해 행동 교정을 해왔다면, 이는 정말 어려운 일일 것입니다. 아이들 또한 이러한 학교의 변화와 교육 방식에 적응하고 있는 중이라고 믿습니다.

과도기라고 할 만한 이런 상황에서 교사는 학생에게 상처를 받고, 아이들을 적절한 방법으로 지도하는 것에 어려움을 겪지만 학교의 시스템은 교사를 보호해주지 못합니다. 따라서 지금이 어쩌면 교사들에게도 가장 힘들고 어려운 시기라는 생각이 듭니다. 학교에 수십 년 동안 몸담게 될 교사라면 이것이 우리 학교의 현주소임을 명확히 인식하여야 합니다.

선생님들은 더 이상 그 자리만으로 권위를 가지는 위엄 있는 존재가 아닙니다. 거스를 수 없는 '정답'을 지닌 절대자도 아닙니다. 선생님들은 각자의 방식으로 아이들로부터 권위를 부여'받아야'하고, 그 과정에서 끊임없이 노력해야만 합니다. 빠르게 변화하는 사회 속에서 우리 선생님들이 가진 생각은 너무나도 빨리 낡은 것이 되기 때문에, 교사는 자신의 생각이 정답이라는 오만을 버리고 아이들과 함께 고민하고 변화해야 합니다.

한편 교사는 이제 '무서운' 존재가 아니라 '존경스러운' 존재가 될 수 있어야 합니다. 학생들의 마음속에서 자연스럽게 따르고 싶고, 의지하고 싶고, 존중하고 싶은 존재가 되어야 하는 것입니다. 그동안 세간에 인식되었던 '꿀 직업'으로서의 교사는 이제 없습니다. 과도기와 혼란기 속 우리 교사들은 부단히 노력하고 또 노력하여 아이들의 마음에 들어가야만 하는 정말 어려운 과제를 앞에 두게 되었습니다.

교사가 되고 싶은 분들, 저를 포함하여 갓 교직에 입문하신 분들께 이야기하고 싶습니다.

우리, 마음의 준비를 단단히 합시다.

2 화장은 기본, 교복은 패션

제가 가르치는 교실 옆에는 큰 거울이 하나 있습니다. 쉬는 시간에 그 거울 앞은 아이들로 인산인해를 이룹니다. 뭘 하나 지켜보면 정말 재미있는 풍경을 보게 됩니다. 삼삼오오 모여 화장품이 가득 들어 있는 파우치를 펼쳐놓고 화장을 하고 있는 것입니다. 메이크업 베이스는 물론 아이브로우, 립스틱, 셰이딩까지, 뭐 하나 빠뜨리는 것 없이 그야말로 풀 세팅을 합니다. 친구의 립스틱을 빌려서 사용해보기도 하고, 이것저것 시험 삼아 얼굴에 발라보며 서로의 화장법을 배우기도 합니다. 틴트만 발라도 교무실에 불려가 혼났던 제 고등학생 시절과 비교해보면 천지 차이라고 느껴지기도 합니다.

일부 선생님들께서는 이렇게 아이들이 화장하는 것을 지도하려고 하십니다. 저도 처음에는 지도를 해야 할 것 같은 압박감을 느꼈습니다. 아마 제가 화장을 금기시하는 학교 문화 속에서 교육을 받으며 자랐기 때문이겠지요. 고민 끝에 저는 화장이 너무 진한 경우에만 해당 학생에게 화장이 너무 진하다고 이야기를 건네는 정도로 지도합니다. 이마저도 강하게 꾸짖거나 화를 내는 것은 아닙니다. 아이들이 화장하는 것 자체를 지도하는 일이 과연 옳은가 하는 의구심이 들기 때문입니다. 아이들이 화장품을 구매하는 것이 불법도 아니고, 학교 안에서 더 예쁘게 보이기 위해 화장을 하는 것도 아이들의 자유라고 할 수 있을 테니까요.

하지만 저 역시 화장을 하지 않은 아이들의 얼굴이 훨씬 순수하고 예뻐 보이는지라, 아이들에게 화장을 하지 말라고 다그치고 싶은 마음이 들 때도 있습니다. 하지만 그럴 때마다 저는 학창 시절에 저 역시 꾸미고 싶었던 욕심을 떠올리며 아이들을 이해하려고 합니다. 거울 앞에서 몇 시간은 거뜬하게 흘려보냈던 때, 어떻게 하면 조금이라도 더 예뻐질까 가장 치열하게 고민했던 중학생 시절을 떠올리면서, 아이들도 지금 인생에서 꼭 거쳐가야 할 어느 시기를 건너고 있다고 이해해보려 합니다. 화장을 한 아이들의 얼굴이 우리 눈에는 어색해 보일지 몰라도, 아이들 자신의 눈에는 스스로 가장 예쁘게 꾸민 노력의 결과물일테니까요. 교사가 함부로 그 노력을 폄하해서는 안 된다고 생각합니다.

다만 걱정스러울 정도로 화장에 집착하거나 의존하는 친구들에게는 지도의 손길이 필요합니다. 화장을 하지 않고는 절대 등교하지 않는 아이, 화장을 하지 않은 얼굴이 부끄러워 눈도 마주치지 못하는 아이들이 존재합니다. 화장을 한 모습이 예쁘고 예쁘지 않고를 떠나, 이런 아이들의 마음은 건강하지 않은 상태입니다.

저는 이런 아이들에게 두 가지를 알려주려고 노력합니다. 첫째, 화장을 하지 않은 모습도 충분히 예쁘다는 것입니다. 아이들이 어쩌다 화장을 하지 않은 날, 그 모습이 예뻐 보인다고 진심을 담아 전달합니다. 이때 "화장 안 하니까 훨씬 예쁘다!"와 같은 일반적인 말보다는 "어, 오늘 좀 달라 보이는데? 평소보다 좀 청순하고 청량해 보이는데? 화장을 안 해서 그런가?"라는 말이 더 효과적이었습니다. 화장한 모습이 별로라고 하면 아이들은 묘한 반발심을 느끼게 되기 때문에, 화장한 것도 예쁘지만 화장을 안 했을 때의 모습도 자연스러운 매력이 있다는 것을 알려주면 좋습니다.

두 번째로 제가 알려주는 것은 남들이 생각보다 다른 이에게 관심이 없다는 것입니다. 아이들의 나이대에는 모든 것을 자신을 중심으로 생각하기 때문에 남의 시선을 굉장히 많이 신경씁니다. 그래서 화장을 하지 않은 날에는 남들이 자신을 어떻게 볼지 걱정하느라 고개조차 들지 못하는 것이지요. 하지만 친구들은 그 차이를 그다지 눈여겨보지 않으며, 설사 차이를 느낀다고 해도 그 생각이 오래가지 않는다는 것을 알려주려고 합니다. 그냥 '어, 쟤 오늘 좀 다른 듯?' 하고 금방 잊어버릴 확률이 높고, 나에 대한 생각에는 큰 변화가 없을 거라는 사실을 명시적으로 알려주려고 합니다.

물론 이렇게 말해주어도 화장을 하고 싶어 하는 아이들의 마음은 좀처럼 줄어들지 않는 것처럼 보입니다. 지나가다 툭 건네는 제 말보다는 서로 예쁘다고 해주는 친구들의 말이 아이들에게는 더 강력하기 때문이겠죠. 그래도 제 말이 아이들의 마음에 남아, 화장을 하지 않고도 자신감을 가질 수 있는 원천이 된다면 저는 만족합니다.

　교복 또한 마찬가지입니다. 제가 다니던 고등학교에서는 신발의 종류와 색깔까지 통제했습니다. 검은색 구두나 단화만 허용되었고, 스타킹은 반드시 검은색이어야 했으며, 양말은 흰색이어야 했습니다. 치마의 길이가 무릎을 덮지 않으면 한 시간이 넘게 선생님의 잔소리에 시달려야 했고, 덕분에 아이들은 학교 문을 나서며 허리를 접어올려 길이를 짧게 만들곤 했습니다. 아마 이 책을 읽으시는 분들 중에도 저와 같은 학교생활을 하신 분들이 많을 겁니다. 학생주임 선생님에게 잡힌 아이들이 정문 앞에 죽 늘어서서 벌을 받고, 교무실에 가면 교복을 줄였느니 아니니 하는 문제로 선생님의 언성이 높아지던 것이 바로 우리의 학창시절이었습니다.

　하지만 지금의 학교는 상황이 완전히 다릅니다. 등교를 할 때 생활안전부에서 아이들의 교복을 단속하기도 하지만, 아이들은 교문을 넘어서 학교에 들어오는 순간 형형색색의 옷으로 탈바꿈을 합니다. 소위 말하는 '노는 아이들'만 그런 것이 아닙니다. 모범생이라고 불리는 아이들도 불편한 교복을 벗어던지고 각종 브랜드의 후드티와 후드집업을 입습니다. 치마는 허벅지의 반쯤 되는 길이가 대다수입니다. 무릎까지 오면 길이가 어정쩡해서 다리가 짧아 보인다는 것이 이유입니다. 와이셔츠와 조끼는 활동하거나 공부하기에는 불편해서 후드티를 입는 것이라고 합니다. 어떤 아이는 와이셔츠를 가장 큰 사이즈로 구매해서 단추를 풀고 오버핏으로 입기도 합니다. 이왕 교복을 입어야 한다면 자신이 원하는 스타일로 입겠다는 것입니다.

교복을 자신만의 스타일로 바꿔 입은 아이들에게 지적을 하면, 아이들은 그래도 교복을 입고 오지 않았느냐고 항변합니다. 그럴 때 아이들을 설득할 만한 그럴듯한 말이 잘 떠오르지 않습니다. 교복을 단정히 입는 게 '학생다운' 것이라고 얘기하기엔, 학생다운 것이 모두 일괄적으로 똑같이 입는 것이라고 할 수는 없기 때문입니다. 교복을 줄이면 불편하기 때문이라고 하기에는 교복을 갖춰 입는 것 역시 불편하기 때문입니다. 그렇다면 남은 이야기는 하나, '학교의 규칙이기 때문에 학교의 구성원인 우리는 그 규칙을 따를 필요가 있다'는 것입니다. 이마저도 아이들이 규칙 자체가 만들어진 이유에 대해 근본적으로 접근하면 반박당하기 쉽습니다. 보통 교복을 지도하다 보면 그래도 최대한 학교의 규칙을 존중해서 단정하게 교복을 입으라고 마무리하곤 하지만, 왠지 모르게 뒷맛이 개운하지 않은 것이 사실입니다.

이제 화장과 교복을 제어하며 아이들과 선생님이 투닥거리는 시기는 지났습니다. 그 정도가 너무 과해서 다른 사람에게 피해를 주는 경우가 아니라면, 아이들의 개성을 인정해주고 그들이 원하는 대로 할 수 있도록 허용해야 합니다. 어른들의 시선으로 아이들의 멋을 재단하려 해서는 안 됩니다. 아이들에게도 자신만의 멋의 기준이 있고, 그 멋의 기준을 스스로 가꾸어나갈 자유가 있으니까요. 그게 교복이고 화장이라고 할지라도 말이지요. 매일 똑같은 옷을 입어야만 하는 아이들이 교복을 수선하여 입거나 교복 위에 예쁜 겉옷을 걸치고, 얼굴에 화장을 하는 것은 최소한의 개성 표현이 아닐까 하는 생각이 듭니다.

화장과 교복의 허용은 우리 요즘 학교들의 허용적 분위기를 대표적으로 보여주는 것이라고 생각합니다. 예전에 학교에서 이루어졌던 두발 단속, 치마 길이 단속 등은 이제는 옛날 얘기가 되었고, 선생님이 본인이 지도를 받았던 방식대로 지도한다면 아이들에게는 시대에 맞지 않는 지도로 느껴질 뿐입니다. 또, 관계 형성의 측면에서도 역효과를 일으킬 확률이 높습니다.

중요한 것은 복장이나 두발 같은 외적인 부분이 아닙니다. 그런 것으로 옥신각신하며 시간을 보내기에는 아이들에게 가르쳐야 할 것이 정말 너무나도 많습니다. 학생이 외적인 것에 과도하게 신경을 쓴다면, 그것을 틀어막기보다는 그 외에도 중요한 것들이 있다는 사실을 알려주고자 노력해야 하지 않을까 싶습니다.

불과 40년 전만 해도 우리 사회는 길거리에서 미니스커트의 길이를 단속했고, 학교 전체의 여학생들에게 귀밑 몇 센티미터로 머리 길이를 유지하도록 했습니다. 그리고 시간이 흐른 지금, 우리는 그때의 규칙과 제도가 얼마나 구시대적이고 우스웠는지를 회상하며 추억처럼 이야기합니다. 이제는 그 당시의 조치들이 너무나도 인권에 반하는 것으로 여겨지니까요.

저는 학교에서 항상 이것을 생각합니다. 지금 내가 하는 지도가 정말 필요한 지도인가, 정말 중요한 것일까 하고 말입니다. 교복을 자기가 원하는 대로 줄여 입고, 원하는 옷을 걸쳐 입는 게 정말로 지도해야만 하는 일이고, 해서는 안 되는 일일까요? 자기 얼굴을 원하는 대로 꾸미고 가장 예뻐 보이는 모습으로 다니고 싶어 하는 마음을 막아 세우는 것이 정말 아이들을 위한 일일까요? 아이들이 스스로를 꾸밀 자유도, 개성도 없는 무미건조한 모습의 학교가 정말 우리 교육이 지향하는 모습일까요?

많은 질문 끝에 제가 내린 결론은 아니라는 것입니다. 아이들에게 최소한의 개성과 자유가 허락되기를, 다만 그 개성과 자유 안에 아이들 스스로의 규칙과 질서가 자리 잡을 수 있기를 바랍니다. 그리고 저는 그 중요한 규칙과 질서를 세우는 데 도움을 주는 교사가 되고자 노력할 것입니다.

3 학원에서 다 하는데, 굳이 왜 해요?

저는 서울 송파구 소재의 한 중학교에 근무하고 있습니다. 강남 3구에 속하는 이곳의 아이들에게 사교육은 '안 받는 게 특이한 것'으로 여겨집니다. 대부분의 아이들이 학원을 다니고 있으며, 영어와 수학은 기본이고 과학이나 국어 학원까지 다니는 아이들도 꽤 많습니다. 시험 기간이 되면 학원에서 만들어준 두툼한 기출문제집을 들고 다니며 부지런히 문제를 풉니다. 시험이 다가올수록 수업 시간에 그 문제지를 몰래 풀려는 아이들이 늘어나고, 조종례 시간이나 쉬는 시간에도 꾸역꾸역 문제를 풀고 있는 아이들을 흔히 볼 수 있습니다.

이러한 분위기 속에서 학원을 다니지 않는 친구들은 스스로를 마치 이단아처럼 여기게 됩니다. "쌤, 저 이번에 영어 기말고사 망할 게 뻔

해요. 학원을 지난달에 끊었거든요"라고 스스럼없이 이야기하기도 합니다. 학교에서 수업을 열심히 들어서 배운 것을 평가하는 것이 시험이라고 생각하지 않고, 학원을 거쳐야만 성적을 잘 받을 수 있다고 굳게 믿고 있는 것이지요.

이런 말을 들으면 일주일에 4시간씩 아이들에게 열심히 전달하는 제 수업이 무력하게 느껴지기도 하고, 때로는 회의감에 빠지기도 합니다. 아이들이 공부는 학원에서 하는 것이라고 생각하고, 학교 수업은 잘해봐야 학원에서 배우는 것의 예습, 복습이라고 믿는 것처럼 보이기 때문입니다. 그리고 슬프게도 많은 아이들이 학교는 노는 곳, 학원은 공부하는 곳이라고 생각하는 것이 현실입니다.

몰래 축구하고 있던 아이들을 끌고 가는 하은 쌤.

그렇다고 "학원 같은 거 다니지 않아도 영어 100점 맞을 수 있어!"라고 자신 있게 이야기하기에는 아무래도 망설여지는 게 사실입니다. 사실 학교에서 일주일에 서너 시간 정도 영어를 배우는 것만으로는 영어 학습이 절대로 충분하지 않습니다. 영어는 몸에 익혀야 하는 언어이기 때문에, 많은 시간을 투자해서 스스로 읽어보고 써보고 활용해야만 합니다. 따라서 숙제를 많이 내주어 어쨌든 아이들이 긴 시간 동안 반복해서 영어를 접하도록 하는 학원의 교육방식이 학습 효과를 내는 것은 부정할 수 없는 현실입니다. 저 역시 학창 시절에 사교육의 힘을 빌었고, 일정 부분 학원에 의존했던 것은 사실이었으며 어느 정도 효과가 있었다고 믿습니다.

교직에서의 첫 여름, 저는 이런 일을 겪었습니다. 무더운 여름날 체육 수업을 마치고 연신 손부채질을 하며 영어 시간이 시작되는 교실에 들어온 한 아이가 아주 당당한 목소리로 말합니다. "쌤, 이거 어차피 학원에서 다 하는데 왜 해요~ 오늘 놀아요!"

이 문장을 이야기하는 아이의 얼굴에서는 일말의 죄의식도 발견하기 힘들었습니다. 주머니에 손을 꽂고 살짝 미소를 지으며 말하는 그 아이의 얼굴은 '뭐, 선생님으로선 조금 기분 상할 수도 있는 말이긴 하지만 사실이잖아?'라고 말하는 듯했습니다. 그러나 저의 존재와 제가 만든 수업을 무력화시키는 듯한 그 학생의 말은 열정이 넘치던 신규 교사인 저에게 비수가 되어 꽂혔습니다. '뭐야, 내 수업은 어차피 필요 없다는 거야?'라는 생각으로 분노하게 된 것이지요.

한편 그 말이 비수로 꽂혔던 것은 그것이 제 안에서도 이미 자라나던 의심이어서였을지도 모릅니다. 아이들은 제가 준비한 수업을 열심히 들어주고 대답도 잘했지만, 교사인 제 수업은 이미 학원에서 배우고 온 아이들의 복습 수단에 불과한 것이 아닌가 하는 생각을 스스로도 한 적이 있었기에, 그 아이의 말이 더욱 아프게 다가왔을 겁니다. 신규 교사인 저는 아이들에게 새로운 깨달음과 배움을 선사해주는 위대한 교사이고 싶었고, 학생들이 수업 시간에 보여주는 성과가 학원에서 배웠기 때문에 가능한 것이라고 생각하면 마음이 너무 아팠던 거죠. 그리고 애써 외면하려 했던 그 사실을 아이의 입을 통해 확인하는 것 같아 속이 상하고 발끈했던 겁니다.

이럴 때 교사는 어떻게 대처해야 하고, 또 학생들이 그렇게 생각하도록 하지 않으려면 어떤 노력을 해야 할까요?

저는 우선 멈추어 잠시 생각하며 숨을 골랐습니다. 저에게 도전하는 것 같은 아이의 태도에 순간 분노라는 감정에 사로잡힐 뻔했지만, 일단 아무런 말도 하지 않고 잠시 생각을 정리했습니다. 스스로가 걱정하던 부분을 학생들에게 들킨 것 같아 분노를 느끼는 것이라는 생각이 들자, 섣불리 아이의 말을 반박하지 말아야겠다는 생각이 들었습니다. 그래서 아이에게는 행동 자체만을 지적하였습니다.

"네가 내 수업에 대해서 어떻게 생각하는지는 너의 자유이니까 선생님이 뭐라고 하지 않을게. 하지만 그렇게 선생님의 수업이 필요 없다는 의미의 말을 대놓고 하는 것은 아주 무례한 행동이라고 생각해"라고 이야기했고, 아이는 살짝 당황하는 듯 보였습니다. 선생님이 그 의견 자체에 대해 분노하거나 반박하며 벌어질 갈등 상황을 예상했을 테니까요. 하지만 의견에 대해서는 아무런 말도 하지 않으면서 그 의견을 드러내는 방식에 대해서만 지적하니, 저절로 수긍이 가는 눈치였습니다. 아이는 거기서 더 나아가지 않고 다행히도 멈추어주었습니다.

그리고 저는 아무런 일도 없었다는 듯이 밝고 활기차게 평소처럼 수업을 진행했습니다. 당시에는 그렇게 기분이 상한 채로 수업을 이어간다면 '지는 것'이라고 생각했고, 아이들에게 그렇게 보이고 싶지 않았습니다. 그래서 나는 아무렇지 않고, 내 수업은 여전히 유익하고 재미있다는 느낌을 주기 위해 그날은 수업을 더욱 에너지 넘치게 진행하고 싶었던 것입니다. 중간에 정적이 생기거나 제가 쉬는 타이밍이 오면 어김없이 그 문장이 머릿속에 울려 퍼졌는데도 말이지요.

그렇게 저는 제 자존심을 꾸역꾸역 지켜냈고, 수업 종료를 알리는 종이 울리고 나서 다시 해당 학생을 불러 이야기했습니다.

"네가 학원을 다니든 뭘 하든 선생님은 상관없어. 하지만 어쨌든 시험을 출제하는 건 선생님이고, 너는 선생님의 수업을 잘 듣는 게 좋을 거야. 다시는 그런 식으로 이야기하지 않았으면 좋겠다."

고개를 숙이고 순순히 지도에 응하는 학생을 보며 당시에는 왠지 속이 시원하고 이긴 것 같은 기분이 들었습니다. 그렇지, 내 수업은 꼭 필요하지, 라고 스스로 위안하며 말이죠.

하지만 여름방학을 맞고 2학기 수업을 준비하면서 이 일을 곱씹을수록 어딘지 창피하다는 생각이 들었습니다. 그날의 기억이 학원과 차별화되어 학교에서 내가 가르쳐줄 수 있는 것이 무엇인가에 대한 질문으로 이어졌다면 훨씬 더 좋은 가르침을 줄 수 있었을 거라는 생각이 들었습니다. 아이들이 학원에서 배우는 것 이상의 무언가를 얻어간다고 마음으로 느낄 수 있는 수업을 만들겠다는 고민은 던져둔 채, 아이의 말을 비난하기만 하고 스스로의 수업은 돌아보지 않았다는 생각에 얼굴이 화끈거리도록 부끄러웠습니다. 아이의 행동이 무례하다는 것은 지적하더라도, 내 수업이 아이들에게 어떤 가르침을 주고 있는가에 대해 진지하게 다시 고민해보아야 했다는 생각이 들었습니다.

돌이켜 생각하면 첫 학기의 제 수업은 학원에서 받는 주입식 교육과 크게 다를 바가 없었다는 생각이 듭니다. 어쩌면 지금도 절반쯤은 그런지도 모르겠습니다. 하지만 교사가 아이들에게 "학원에서 다 하는데 굳이 왜 또 하냐"라는 말을 듣지 않으려면 다음과 같은 노력을 해야 한다는 결론을 내렸습니다.

첫째, 단순한 지식의 전달과 기계적 암기를 넘어서야 합니다. 단순 반복 및 암기는 학원에서 아이들이 충분히 하고 있는 일이기에, 학교에서는 그 과정을 단순하게 축약하여 보여주고, 다른 방식으로 지식을 활용할 수 있도록 해야 합니다. 아이들이 학교에서 배운 지식을 바탕으로 그것을 '활용'하여 지역사회의 문제를 해결할 수 있는 방법을 탐구하도록 한다거나, 자신의 생활에 변화를 가져오는 깨달음을 줄 수 있도록 한 걸음 더 나아가야만 합니다. 지식을 암기하고 시험 문제를 잘 풀기 위한 공부를 넘어서서 학교는 아이들의 마음과 생각을 움직이는 수업을 하려고 노력해야 합니다.

둘째, 아이들이 수업 시간에 느낄 수 있는 성취감을 더 자극해주어야 합니다. 아무리 학원에서 공부를 하고 오더라도 놓치는 부분이나 자주 실수하게 되는 부분이 있기 마련입니다. 교사는 이런 부분이 무엇일지 진지하게 고민해야 합니다. 어느 학원에서나 다룰 법한 뻔하고 쉬운 예문들을 나열하는 식으로 영어를 가르치는 것으로는 전혀 차별화가 되지 않습니다. 쉬운 질문에서 어려운 질문으로 발전시키며 아이들에게 도전거리를 제공해주어야 합니다. 학원에서 기계적으로 했던 대로 적용했을 때 실수하기 쉬운 부분을 교사가 콕 집어 보여주며 신뢰감을 형성해야 합니다. 이렇게 하면 많은 아이들이 수업 시간에 자신들이 인지적으로 무언가를 얻어간다는 성취감을 가지게 됩니다.

따라서 교사는 자신에게 쉽고 편리한 방식으로만 수업을 해서는 안 되며, 아이들에게 적정량의 인지적 혼란을 주면서도 아이들이 알아가는 성취감을 느낄 수 있도록 수업을 섬세히 디자인해나가야 합니다.

이러한 두 가지 반성과 노력을 하게 된 결과, 이제는 아이들로부터 제 수업이 무언가를 얻어갈 수 있는 수업이라는 평을 받곤 합니다. 학원에서 분명 배운 것인데도 궁금해서 더 듣게 되는 수업이라고 말해주는 친구도 있었고, 학원보다 더 신뢰가 간다고 말하는 친구도 있었습니다.

이렇게 학원과 비교해서 우위를 차지해야만 하는 공교육 현장의 처지가 안타깝게 느껴질 수도 있지만, 사교육에 대한 맹신과 공교육에 대한 불신은 교사로서 교직 생활을 하는 내내 싸워야 하는 것 중 하나임을 받아들일 수밖에 없다고 생각합니다. 학교가 단순한 지식 전달의 장이 아니라고 이야기하려면, 우리 스스로의 수업을 먼저 돌아보아야 할 것입니다.

4 성희롱에 대처하는 교사의 자세

처음 발령을 받은 해, 유난히 장난이 심한 반이 있었습니다. 초보인 제가 그 아이들을 끌고 가기 버거울 때도 있었지만, 그럭저럭 초임의 열정과 사랑으로 그 반 아이들과 좋은 관계를 쌓아가고 있었습니다. 그런데 그 아이들을 가르친 지 한 달쯤 되던 날, 저는 성희롱에 휘말리게 됩니다. 평소처럼 모둠 활동을 하던 도중 한 모둠의 아이들이 성희롱이 포함된 장난스러운 대화를 나눴고, 그것이 제 귀에 들리게 된 것입니다. 지금이야 '장난스러운' 대화라고 이야기하지만, 그 당시엔 아이들의 언어 습관이나 행동에 아직 익숙하지 않던 때라 충격이 컸습니다.

아이들의 대화가 저에게 닿았던 그 순간이 아직도 생생합니다. 심장이 쿵, 하고 내려앉았고 머릿속은 하얗게 변했습니다. 순간적으로 저는 이 문제를 직면할 자신이 없어서인지 '그냥 못 들은 척할까?' 하는 생각을 하기도 했습니다. 그와 같은 혼란스러운 순간을 초임 선생님이라면 다들 한 번씩은 겪으실 것이라고 생각합니다. 저는 당시 교탁을 짚고 서 있는 선생님이긴 했지만 한편으로는 스물네 살짜리 사회 초년생에 불과했기에, 그 상황은 저에게 큰 상처가 되었습니다.

"너희가 어떻게 나한테 그럴 수 있어?"

이 문장이 저를 며칠간 지배했습니다. 이 문장에는 두 가지 의미가 있습니다. 하나는 학생인 너희들이 선생님인 나에게 어떻게 그럴 수 있느냐는 것입니다. 나이가 어리든 적든, 저는 선생님이라는 지위를 부여받고 아이들 앞에 서 있는 사람이기 때문에, 그에 맞는 존경과 대우를 받기를 원하는 것이 당연합니다. 그런 제가 교실에 있는데도 성적인 농담을 하는 것은 선생님으로서 저를 인정하지 않는다는 의미로 다가왔습니다. 저를 무시하는 발언이라고 생각한 거죠. 반 아이들 전체 앞에서 그런 '무시'를 당했다고 생각하니 수치심이 이루 말할 수 없이 컸습니다.

두 번째는 내가 너희한테 다가가고 사랑을 주려고 노력하고 있는데, 어떻게 그럴 수 있느냐는 의미입니다. 많은 신규 교사들이 그렇겠지만, 발령을 받고 난 후 저는 제가 만나는 학생들에게 큰 사랑을 주기로 다짐했습니다. 문제의 그 반은 짓궂은 장난으로 선생님들 사이에서 이미 유명했지만, 저는 그들의 행동을 예쁜 시선으로 봐주고 '그럼에도 불구하고' 사랑하겠다는 제 나름의 숭고한 결심으로 아이들을 대하고 있었습니다. 그런데 아이들이 그런 제 마음을 몰라주고 어떻게 그런 말을 할 수 있는지, 배신감마저 느껴졌습니다. 저는 아이들을 사랑했는데, 아이들은 저를 사랑해주지 않는 것 같아 속이 상했습니다.

사실 이런 성희롱은 젊은 여교사라면 너무나도 흔하게 경험하는 일입니다. 제가 이 일을 겪고 주변 선생님들께 이야기하자, 많은 선생님들께서 입을 모아 비슷한 경험을 공유해주었습니다. 이 글을 읽는 분들 중에도 이와 비슷한 경험을 하신 분들이 있을 것입니다.

그러면 이러한 상황에 맞닥뜨렸을 때 어떻게 해야 할까요? 이런 일에 어떻게 대처하고 지도해야 하는지, 또 어떻게 상처를 다스리고 치유해야 하는지 알아봅시다.

우선 대처 방법입니다. 사실 이런 일을 겪게 되면 처음엔 당혹스러움이 먼저 찾아옵니다. 하지만 당황해서 우물쭈물 상황을 넘겨버리면 두고두고 후회하게 되고, 문제를 해결하는 데에도 도움이 되지 않습니다. 따라서 아이들에게 확실하게 잘못을 지적하고 넘어가야 합니다. 그 이유는 교사로서 아이를 지도해야 하기 때문이기도 하고, 교사인 나 자신을 보호하기 위해서이기도 합니다. 그래서 이와 같은 상황이 일어난다면 선생님들은 '일단 멈춤'을 하셔야 합니다. 섣불리 이야기를 꺼내지 마시고, 일단 멈추어 잠시 생각을 가다듬어야 합니다. 선생님의 침묵은 그 교실에 있던 다른 아이들에게도 그것이 무례한 행동이었음을 알아차리는 시간이 됩니다.

그 뒤에 '차분하고 단호하게 문제 행동을 지적'해야 합니다. 문제 발언을 한 학생을 일으켜 세우고, 방금 너는 엄청나게 무례한 발언을 한 것이고 선생님은 이 일을 그냥 넘어갈 수 없다는 것을 명시적으로 이야기해야 합니다. 이때 감정적으로 대처하기보다는 차분하고 단호한 어조로 이야기하는 것이 좋습니다. 다른 아이들 앞에서 과하게 화를 내면 해당 학생이 반항할 확률이 높고, 그러면 선생님도 더욱 상처받을 수 있기 때문입니다. 단, 선생님이 화가 났다는 것을 알 수 있을 정도의 목소리 크기와 어두운 표정은 유지해야 합니다. 이것은 교실 내 다른 아이들에게 사태의 심각성을 알려주는 것이기도 합니다.

이후 문제의 발언을 한 학생을 '교실 밖으로 소환'합니다. 해당 학생을 불러 행동이 잘못되었음을 매섭게 지적해주셔야 합니다. 장난기 많은 중학생 아이들에게 사태의 심각성을 알려주기 위해서는 차분히 타이르는 것만으로는 턱없이 부족합니다. 그 과정에서 선생님이 얼마나 상처를 받았고 수치심을 느꼈는지도 충분히 이야기해야 합니다. 더불어 저는 학생에게 그런 행동은 사회에 나가면 범죄라는 것을 진지하게 알려주었습니다. 아무 생각 없이 장난이랍시고 던진 농담이라 해도 상대에게 큰 상처를 주면 그것은 범죄가 될 수 있으며, 사회적 비난은 물론 직장에서 해고될 수도 있는 사유라는 것을 명확히 알려주었습니다.

이쯤 되면 아이들은 잘못을 깨닫고 죄송하다고 하거나 용서해달라고 이야기합니다. 하지만 바로 용서를 받아주는 것은 그 행동이 크게 잘못한 것이 아니라는 잘못된 메시지를 전달할 수 있으니 잠시 보류해 두는 것이 좋습니다. 아이들에게 충분히 반성할 기회를 주려면, 이 일은 네 의도와는 상관없이 너무나도 큰 잘못이므로 절대로 그냥 넘어갈 수 없다고 말해야 합니다. 이때 선생님이 직접 벌을 주기보다는 교내의 생활교육위원회 혹은 교권보호위원회와 같은 공식적인 제도를 활용하는 것이 좋습니다. 피해 당사자인 선생님 스스로를 보호하기 위해서도 그렇고, 아이들도 이런 제도를 통해 처벌을 받을 때 조금 더 사태의 심각성을 깨달을 수 있기 때문입니다. 학생에게 공식적인 절차를 통해 적합한 처벌을 받도록 할 것이라고 단호히 얘기하시면 됩니다.

당시 저는 아직 학교생활교육위원회나 교권보호위원회에 대해서도 지식이 거의 없었고, 어떤 절차로 진행되는지도 몰랐기에 무척 막막했던 기억이 납니다. 학생에게 학교생활교육위원회를 열 것이라고 엄포를 놓았지만, 교사가 이런 상황에 놓였을 때 누구에게 어떤 방식으로 선도위원회 개최를 요구해야 하는지조차 알지 못했습니다. 교권보호위원회는 학교폭력대책심의위원회처럼 교육청 수준에서 주관하는 제도인데, 제가 조언을 구했던 한 선생님께서는 이 사안은 교권침해로 보아야 하고, 교권보호위원회에 회부하는 게 맞다고 말씀해주셨습니다.

결과적으로 당시에 저는 교권위가 아닌 대선도위원회를 여는 것을 선택했지만, 이런 상황에서 교사는 교권위라는 제도를 활용할 수 있다는 것을 알아두는 것이 좋습니다.

제 경우 교권보호위원회를 열겠다고 다짐한 상태였으나, 아이들이 이후 보여준 행동으로 선도위원회 수준에서 멈추었습니다. 다행히 해당 반의 담임 선생님께서도 학생들을 엄격하게 지도해주셨고, 저를 위로하고자 노력해주셨습니다.

이후 직접적으로 연루되었던 네 명의 학생들이 장문의 편지를 써서 저에게 찾아왔습니다. 그 편지는 잘못을 뉘우친다는 말, 진심으로 후회한다는 말, 저에게 상처를 줘서 미안하다는 말로 가득 차 있었습니다. 또 그 반의 다른 아이들도 포스트잇에 짤막한 편지들을 써서 저에게 가져왔습니다. 친구로서 말리지 않았던 것에 대한 부끄러움, 그 일을 처음에는 가볍게 농담처럼 여겼던 자신에 대한 반성이 담겨 있었고, 몇몇 아이들은 저를 높여주는 말로 따뜻하게 위로를 해주기도 했습니다. 주변 선생님들께서도 많이 걱정해주셨고, 소문을 들은 다른 반 아이들도 괜스레 찾아와 애교를 부리며 마음을 달래주기도 했습니다.

당시 저는 아이들이 충분히 반성하고 사태의 심각성을 파악했을 거라는 믿음으로, 대선도위원회를 여는 것으로 사건을 일단락하였습니다. 학생들은 발언의 정도에 따라 각기 다른 징계를 받았습니다.

아마 궁금하실 겁니다. 그 아이들이 이후에 정말로 개과천선하는 모습을 보여줬는지, 그리고 당시에 교권보호위원회를 열지 않은 것을 나중에 후회하지는 않았는지 말이죠.

결론부터 말하자면 반쯤은 그렇다고 대답할 수 있습니다. 1년 내내 담임 선생님과 교과 선생님들의 속을 썩이는 녀석들이었지만, 이후 저에게 반항하거나 대치하게 되는 상황은 없었습니다. 아이들이 마음 깊이 반성했는지 묻는다면, 사실 확언할 수는 없습니다. 어느 정도 반성하긴 했겠지만, 뒤에서는 자신들끼리 "농담 한 번 한 걸 가지고……" 라고 얘기했을지도 모릅니다. 하지만 아이들에게 자신의 언행이 사회적으로 문제가 될 수 있다는 것을 확실하게 보여준 것만으로도 나름의 의미가 있다고 생각합니다. 그리고 이렇게 학기 초에 한 번 마음의 빚을 졌다는 부채의식이 아이들과 저의 관계를 전보다 끈끈하게 만들어 줬다는 생각도 듭니다.

혹시나 이와 같은 상황을 겪으셨다면, 혹은 미래에 겪으신다면 이 문장을 마음에 새겨보시길 바랍니다.

"아이들은 그래도 아이들이다."

키는 180㎝가 훌쩍 넘어가고, 덩치는 다 큰 성인 같지만, 중학생 시절을 보내고 있는 아이들은 여전히 경험이 부족한 '아이'에 불과합니다. 자기가 어떤 말을 했을 때 그것이 상대에게 얼마나 큰 상처가 될지, 혹은 어떤 감정을 느끼게 할지 잘 알지 못합니다. 그런 것을 생각해내기 이전에 그저 장난을 치고 튀는 행동을 하며 친구들과 깔깔거리는 게 너무 재미있다는 생각이 앞서, 실언을 해버리고 마는 것이지요. 그리고 이와 비슷한 행동을 했을 때 따로 제지를 받지 않았다면 그런 행동은 더욱 강화되고 말겠죠.

슬프게도 이렇게 수치심을 느끼고 감정이 상했을 때에도 우리 교사들에게는 아이들을 가르쳐야 할 사명이 있다고 생각합니다. 이런 언행을 했을 때 선생님이 이것을 제지하지 않거나 큰 잘못임을 명시적으로 짚어주지 않으면, 아이들은 이것이 사회적으로 용인되는 것이라고 착각하고 잘못된 행동을 지속하게 됩니다. 그리고 그 강도는 더욱 심화될 것이고, 나아가 걷잡을 수 없는 실수로 이어질지도 모릅니다. 외설적인 말을 너무 자주 입에 올리고 성적인 것에 담닉하는 아이들을 볼 때면 때로는 징그럽게 느껴지기도 하지만, 그런 쪽에 과도하게 관심이 쏠리는 시기이기에 어떤 면에서는 자연스러운 일이기도 합니다. 그래서 마음으로는 이해하면서도, 그것을 드러내는 것이 주변 사람들에게 아주 큰 수치심을 주거나 반감을 불러올 수 있다는 것을 확실히 알려주는 지도의 계기로 삼아야 한다고 생각합니다.

지도의 계기라고 생각하니 제 마음도 조금 편해졌습니다. 아이들이 그 사태의 심각성을 잘 알지 못했고, 일부러 저에게 상처를 주려는 악한 의도로 한 일이 아니라고 받아들일 수 있었습니다.

징계를 받았던 아이들이 졸업하는 날, 제가 그 사건을 언급하자 죄송함을 담아 멋쩍게 웃는 아이들을 보며 그래도 하나의 가르침을 주었다는 사실에 뿌듯했던 기억이 납니다. 따라서 이런 상황이 온다면, 확실히 가르쳐주는 계기로 삼아야 합니다. 지금 당장 아이들의 마음에 강하게 와닿지는 않더라도, 시간이 지나면 그것이 마음에 퍼지게 될 날이 있을 겁니다. 생각의 줄기 하나라도 바꾸어내기 위해 노력하는 것이 교사들이 해야 할 일이니까요. 그런 과정에서 선생님의 마음도 더욱 단단 해질 것이라고 믿어 의심치 않습니다.

5 출구 없는 미로 같은 아이들

　이제까지 이야기했던 아이들처럼 말을 모나게 하거나, 반항을 하거나, 장난이 심한 아이들을 다루는 일은 힘이 들지만 그래도 해법이 있는 것처럼 느껴집니다. 조금씩 나아가는 스스로와 아이들을 보며 성취감을 느끼기도 합니다. 미로 속을 헤매는 것처럼 지금 당장은 길을 잘 모르겠고 힘들지만, 대략적인 방향은 알고 있고 결국 빠져나갈 수 있는 문이 있음을 믿기 때문에 계속 희망을 가질 수 있는 것이지요.

　하지만 아무리 갖은 방법을 동원하여 노력해도 변하지 않는 것 같은 아이들이 분명 존재합니다. 이번에는 마치 '출구 없는 미로'를 헤매는 것 같은 느낌을 주었던 아이들에 대한 이야기를 해보려 합니다.

　물론 저 역시 아직 헤매는 중이라 이 문제에 대해서 감히 해답이라고 할 만한 것을 내놓지는 못합니다. 그저 이 글을 통해 선생님들과 함께 이야기를 나누며 해결법을 논의해보고 싶습니다. 그리고 이것저것 방법들을 시도해가며 끝까지 포기하지 않고, 큰 변화를 주지 못해도 좌절하지 않을 수 있었으면 하는 마음입니다.

민호(가명) 이야기

민호는 첫 발령을 받은 박 선생님 반의 학생입니다. 작년부터 선생님들의 지도가 '전혀' 먹히지 않기로 유명한 친구였습니다. 수업 시간에 아무렇지 않게 교실을 돌아다니는 것은 기본이고, 선생님이 불같이 화를 내도 웃으며 장난스럽게 대답할 뿐 행동에 변화가 없어, 많은 선생님들이 골머리를 앓았습니다. 민호가 반에 있다는 이야기를 들은 몇몇 선생님들께서 '그 아이는 포기하는 게 편할 것'이라고 이야기할 정도였으니 말입니다. 하지만 박 선생님은 신규 교사의 열정으로 이 아이를 사랑과 지도로 변화시키겠다고 다짐했습니다.

처음엔 순조롭게 진행되는 듯했습니다. 새로 오신 젊은 선생님에게 민호는 꽤나 살갑게 다가왔습니다. 교무실에 찾아와 "선생님이 제일 예뻐요"라며 너스레를 떨기도 하고, 선생님의 말에 열심히 호응하며 잘 지내려 하는 듯 보였습니다. 하지만 다른 선생님들과의 관계에서는 변화가 없었고, 그 결과 민호는 학기 초부터 많은 벌점을 받게 됩니다.

벌점 과다자로 선도위원회를 열어야 할 지경까지 이르자, 선생님은 민호를 불러 상담을 했습니다. 그리고 이때부터 조금씩 둘 사이에는 앙금이 생기기 시작합니다.

새로운 선생님도 자신을 문제아로만 인식하고 지도하려 한다는 생각이 들자, 민호는 새롭게 변해보려는 마음을 버린 것이지요. 선생님이 부르면 소리를 지르며 복도 저 끝으로 전력 질주를 하기 시작합니다. 소리를 질러보아도 먹히지 않습니다. 천방지축 뛰어가는 민호의 뒷모습에 박 선생님은 몇 번이고 좌절을 경험합니다.

박 선생님은 이렇게 엇나가던 민호가 조금 괜찮아지던 때의 기억을 더듬어봅니다. 선도위원회가 열리던 날 민호의 어머니를 만나 상담하던 박 선생님은 "민호가 참 착한 아이인데 제가 많이 서툴어 이렇게 되어버린 것 같아서 죄책감이 들어요. 앞으로 저도 더 노력할게요"라는 진심 어린 말을 민호 앞에서 어머니께 건넵니다. 이때 박 선생님의 눈에는 살짝 눈물이 맺혔고, 어머니와 민호도 이런 박 선생님의 진심에 뭉클함을 느낀 듯 보였습니다. 이후 민호는 박 선생님이 부르면 도망가는 행동은 거의 하지 않았고, 살갑게 다가오려고 하며 변화하는 듯했습니다. 하지만 이 진심의 여파는 생각보다 오래가지 않았습니다. 금방 되돌아간 민호의 모습에 박 선생님 또한 마음이 상했고, 더 강하게 혼을 내야 하겠다고 생각하게 됩니다.

이후 수업 시간에 늦을 때, 청소를 해야 하는데 도망을 갈 때, 예의 없는 말을 할 때, 친구들과 지나친 장난을 칠 때 박 선생님은 민호에게 불 같은 모습으로 지도하게 됩니다. 소리도 쳐보고, 무섭게 쳐다보기도 하고, 도망간 민호를 제자리에 서서 망부석처럼 기다려보기도 합니다. 때로는 붙잡아두고 몇 시간씩 상담을 하며 최선을 다해 지도하려고 하지만, 민호의 태도는 더욱 나빠지기만 합니다. 진지하게 이야기하는 선생님에게 장난스러운 억양으로 웃으며 "네~에!"를 반복합니다. 몇 분 동안 제자리에 서서 자신을 기다리는 선생님에게 "대~단하다!"라며 장난을 치고 비꼬기를 반복하기도 했습니다.

결국 이 모든 상황에 크게 회의감을 느낀 박 선생님은 '차갑게 하기'로 전략을 바꿔보았습니다. 민호에게 네가 하는 모든 말과 행동들을 기록하여 절차대로 교권보호위원회를 진행하겠다고 선언합니다. 법적으로도 문제가 되는 행동이라고 차갑게 얘기하고, 민호가 무서워하는 아버지를 불러 이와 같은 이야기를 민호 앞에서 차분히 전합니다. 차갑고 냉정하게 이야기를 전하면서도 박 선생님은 민호를 절대 포기하지 않고 꼭 변화시키겠다는 다짐을 전했습니다. 아버지를 무서워하는 민호는 한 번만 더 기회를 주면 달라지겠다고 말했고, 그렇게 한 학기를 마무리하게 되었습니다.

방학 한 달을 보낸 뒤 박 선생님은 민호에게 '그럼에도 불구하고 사랑주기'를 선택합니다. 한 달간 언성도 높이고 눈을 부릅뜨고 혼내며 우여곡절을 겪었던 그 시기로부터 한 걸음 뒤로 물러서서, 민호에 대한 기대치를 낮춘 채 무한한 칭찬과 애정표현으로 중무장해봅니다. 민호와 눈이 마주치면 손가락 하트를 날리고 윙크를 하고, 조그마한 변화에도 호들갑을 떨며 칭찬을 해주기도 했습니다. 작은 잘못은 크게 짚고 넘어가지 않기도 했지요.

현재 민호는 여전히 천방지축이지만, 어쩐지 그런 선생님의 마음을 조금 알기라도 하는 듯 이렇다 할 문제 상황을 만들지 않고 있다고 합니다. 한편 박 선생님은 이렇게 아이를 혼내지 않고 무한히 사랑해주고 애정을 주며 기다리는 것이 맞는 방법인지 스스로 확신이 없다고 합니다. 이렇게 괜찮은 것처럼 지내다가 또 문제가 일어나면, 다시 1학기의 상황이 반복될 것만 같아 불안한 마음이 든다고 하십니다.

이 이야기를 들은 제게도 이렇다 할 확신은 없습니다. 아무리 노력해도 변하지 않는 아이들을 만나게 되면 저를 포함하여 많은 선생님들은 기대치를 낮추기 시작합니다. 기대치를 낮추다 낮추다 거의 사라지는 지경에까지 이르면 자그마한 잘못은 언급조차 하지 않고 넘어가는 일도 일어납니다. 학교를 잘 나오지 않는 아이가 학교에 나와 수업에 들어가지 않고 학교를 떠돌아다니면 한두 번은 찾아다 혼을 내지만, 혹시 그것 때문에 아이가 학교에 더 큰 반감을 가지게 될까 조심스러워집니다. 그래도 학교에 나오는 것만으로도 다행이라고 생각하게 되고, 수업에 들어가지 않는 행동은 점점 교정하기 힘들게 됩니다. 결국 아이에게 그것은 습관이 되고, 더 이상 그 부분은 지도할 수 없는 영역이 되어버리고 맙니다. 어디까지 학생들을 이해하고 허용해야 하는지, 내가 아이를 방치하고 있는 건 아닌지 하는 생각이 교사를 집어삼키기도 합니다.

하지만 한 가지 확실한 것은 선생님이 어떤 방식으로든 그 아이를 위해 '노력'하고 있는 모습을 보여주어야 한다는 것입니다. 그게 화를 내는 것이든, 붙들고 상담을 하는 것이든, 무한한 사랑을 주고 애정표현을 주는 것이든, 교사가 끝까지 그 아이를 지켜보고 있으며 그 아이의 성장과 변화를 응원한다는 것을 알려주어야 한다고 믿습니다. 그리고 그런 선생님의 노력과 설득의 말은 아이의 마음속 작은 서랍에 묻혀 있다가, 아이가 변화할 준비가 되어 마음의 서랍을 열심히 뒤적이며 자신의 변화를 추진시켜줄 도구를 찾을 때 비로소 발견되어 힘을 발휘할 것입니다. 그 시간이 1년 후이든, 5년 후이든, 10년 후이든 간에 말입니다.

아이들을 하나하나 그려보며 사랑하는 마음을 되새겨봅니다.

6 쌤, 왜 저한테만 그러세요?

학교를 다니며 지겹도록 자주 만나게 되는 문장 중 하나가 바로 "선생님은 왜 저한테만 그러세요?"라는 말입니다. 제가 직접 듣기도 하고, 교무실에서 다른 선생님과 학생의 대화에서도 종종 들려오곤 하죠. 중학생 아이들에게 물어보면 가장 못 견디게 싫은 감정이 '억울함'이라고 합니다. 왜 저한테만 그러시냐고 말하는 아이들의 얼굴에는 억울함이 가득합니다.

한 가지 상황을 가정해봅시다. 수업 시간에 상진이라는 아이가 모둠원 친구들과 시끄럽게 떠들었고, 평소 수업 분위기를 자주 흐리는 상진이에게 선생님이 "상진아, 조용히 해!"라고 이야기했다고 합시다. 그러자 상진이는 "아 쌤, 왜 저한테만 그러세요? 짜증 나게"라고 대꾸

합니다. 선생님은 그렇게 강하게 비난한 것도 아니었고, 평소에 상진이가 자주 떠들기 때문에 그냥 한 명만 골라 이야기한 것일 뿐인데, 생각보다 격한 상진이의 반응에 당황하게 됩니다. 많은 선생님들이 한 번쯤은 겪어본 상황일 겁니다.

아이들이 이렇게 말하는 것에는 두 가지 설명이 가능합니다.

첫째, 분명 다른 아이들도 함께 떠들었는데 자신의 이름만 크게 불린 것이 정말 억울하기 때문입니다. 아무리 평소에 분위기를 흐리게 하는 아이들이라도 자신만 콕 집어 지적하는 싫은 소리를 듣고 싶지는 않겠죠. 함께 떠든 친구들은 쏙 빠지고 자신만 불리는 게 억울했을 겁니다. 특히 평소와 달리 격하게 반응이 나오는 경우에는 자신이 주도하지 않은 상황이었을 가능성도 있습니다. 이번에는 다른 친구가 먼저 말을 걸어서 대답했을 뿐인데, 평소에 자신이 떠들었다는 이유로 자신만 콕 집어 비난하니 억울한 마음이 생겼을지도 모릅니다.

둘째, 다른 선생님에게 이미 지적받거나 혼이 난 상태라서 예민해져 있을 수도 있습니다. 이미 전 시간에 호되게 혼나고 싫은 소리를 듣고 난 뒤라서, 다음 선생님이 조금만 뭐라고 해도 '선생님들은 나를 싫어해' '모든 선생님이 나를 문제아라고 생각해'라는 잘못된 결론에 이르게 되는 것이죠. 사랑받고 싶은 우리 아이들은 그 순간 엄청난 스트레스를 경험하게 됩니다. 그리고 선생님에게 못되게 구는 것으로 왜곡되게 감정을 해소하는 거지요.

이럴 때 교사는 어떻게 대처하면 좋을까요? 처음에 저는 "네가 제일 크게 떠들었으니까 선생님이 너한테 떠들지 말라고 한 거지!"라고 반박하며 아이의 의견을 묵살하려 하였습니다. 하지만 이제는 아이들에게 먼저 솔직하게 설명합니다.

"상진아, 선생님은 평소에 상진이가 수업과 관련 없는 이야기를 하는 것을 많이 봐서 이번에도 상진이가 대화를 주도했을 거라고 생각했어." 그리고 그 후에는 아이의 억울한 감정에 공감해줍니다. "너희 얘기를 정확히 듣지 않아서 누가 주도했는지는 정확히 모르지만, 만약 상진이가 대화를 시작한 게 아니라면 억울한 마음이 들었겠구나. 쌤이 오해한 거라면 미안하다."

다음에는 제 감정을 솔직하게 전달합니다. "하지만 어쨌든 상진이도 함께 이야기를 한 거고, 그래서 선생님이 지적한 건데, 거기서 그렇게 짜증이 난다고 이야기하는 것은 선생님한테도 매우 당황스러운 일이야. 차분히 이야기해도 선생님이 상진이 이야기를 들어줬을 텐데 말이야. 선생님이 상진이에게 아직 그 정도 믿음을 주지 못한 것 같아서 선생님도 속상하다." 그리고 난 뒤, 같은 상황이 왔을 때 대체 행동을 명시적으로 말해줍니다. "다음에 또 억울한 상황이 생기면, 지금처럼 짜증 내며 소리를 높이지 말고, 진지하게 오해라는 것을 설명하며 너의 속상함을 전달했으면 좋겠어. 그러면 선생님이 오해를 풀고 다른 아이들까지 함께 지도하도록 할게."

이렇게 친절하지만 차분하고 단호하게 말하면 아이들은 보통 더 이상 날을 세우지 않습니다. 이렇게 지도를 하면 좋은 점은 아이에게 같은 상황에서 어떻게 해야 하는지를 알려주기 때문에, 모호하지 않고 확실한 반응을 보인다는 것입니다. 또한, 짜증을 내지 않아도 선생님이 억울한 내 마음을 귀 기울여 들어줄 수 있는 사람이라고 생각하게 되고, 선생님도 앞으로 이런 갈등이 생기지 않도록 노력할 것이라는 인상을 줄 수 있습니다. 이렇게 하면 다시 비슷한 갈등 상황이 교실에 벌어졌을 때 학생들도 해결법을 빠르게 생각해낼 수 있으며, 선생님 역시 지도법이 빠르게 떠오릅니다. "예전에 선생님이 뭐라고 했어?"라고 지도가 시작되면 아이들은 조금 더 빠르게 수긍하기 마련입니다.

그리고 이런 상황에 대해 교사는 한 번 더 생각해볼 필요가 있습니다. 우선, 그동안 정말로 색안경을 끼고 그 아이를 본 것은 아닌지 돌이켜 생각해봐야 합니다. 사실 교사도 사람이기 때문에 늘 객관적이고 공정한 시선을 유지할 수는 없습니다. 과거에 그 학생이 심하게 떠들어서 화를 냈던 경험이 있거나, 다른 문제 행동을 목격하거나 건너 들은 경우에는 해당 학생을 이미 좋지 않은 시선으로 바라보기 쉽습니다. 하지만 교사는 모든 아이들의 가능성을 인정해주고 편견 없이 늘 긍정적인 기대를 유지할 의무가 있습니다. 따라서 "왜 나한테만 그러냐"라는 말을 듣게 된다면, 아이의 철없는 투정으로만 받아들이지 말고, 혹시나 내가 진짜로 작은 잘못에도 그 아이를 과도하게 혼내고 있는 것은 아닌지 한 번쯤 돌이켜보아야 합니다. 그런 아이들은 보통 다른 선생님들께도 긍정적 기대를 받지 못하고 있기 때문에, 내가 조금만 긍정적으로 봐주고 인정해준다면 충분히 좋은 변화를 이끌어낼 수 있다는 것을 기억하고, 공정하고 따뜻한 시선을 유지하기 위해 부단히 노력해야 할 것입니다.

또 한 가지 생각해볼 점은, 그렇게 떠들고 싶어 하는 아이들을 방지하기 위한 수업적 장치를 고민해보는 것입니다. 물론 40~50분 내내 아이들이 수업에만 집중하는 것은 불가능한 일이라고 해도, 교사는 수업 시간에 아이들이 다른 말을 꺼내거나 장난을 치지 않아도 재미있게 느낄 수 있도록 부단히 노력해야 합니다. 아이가 떠드는 정도가 지나치다면, 그 수업에 흥미를 느끼지 못해서 그런 행동을 하는 것이므로 그 아이에게 맞는 활동은 어떤 것이 있을지, 그런 아이들이 재미있게 참여하면서도 유익한 성취감을 느낄 수 있는 방법은 무엇일지 고민해보는 기회로 삼아야 합니다. 그러면 선생님의 수업은 그 아이의 투정을 계기로 더욱 밀도 있고 촘촘해질 것이며, 더 많은 아이들이 참여하는 좋은 수업이 될 것입니다.

나를 화나게 하는 모든 아이들의 행동은 내 수업과 지도력을 더욱 발전시키도록 해주는 하나의 과제가 아닐까 싶습니다.

7 쌤, 제 인생에 신경 끄세요!

학교에서 지내다 보면 '도대체 쟤는 왜 그럴까' 하는 생각을 많이 하게 됩니다. 그만큼 많은 아이들이 이해할 수 없는 다양한 문제 행동을 보이는 것이지요. 하지만 그 원인을 파고들다 보면 결국 누군가의 관심을 끌기 위한 행동으로 귀결됩니다. 아이들은 친구들의 관심, 선생님의 관심, 부모님의 관심을 갈구하고, 그것을 위해 살아가기도 합니다. 그래서인지 꾸준한 관심과 사랑을 주면 아이들은 조금씩 안정을 찾고, 더디게나마 달라지는 모습을 보입니다.

그런데 독특한 아이들이 있습니다. 바로 관심을 주면 휙 달아나버리는 아이들입니다. 이런 유형의 아이들은 선생님이 조금이라도 특별하게 신경 쓰는 것 같다거나 자신의 생활에 개입하려는 느낌을 받으면,

재빠르게 '철벽'을 치고 차가운 표정과 말투로 "제가 알아서 할게요"라며 입을 다물어버립니다. 제가 교직 첫해에 만난 한 아이는 "아, 쌤, 제 인생에 신경 끄시라구요~" 하고 짜증을 내기도 했습니다. 요즘 무슨 일이 있는지 물으면 "말하고 싶지 않아요"라며 고개를 젓습니다. 사실 이 정도는 사실 양반이고, 묻는 말에 대답조차 하지 않는 냉정한 아이들도 있습니다. 그렇다고 저에 대해 부정적인 감정을 가지고 있는 것도 아닙니다. 그저 관심을 받는 것이 싫은 아이들입니다.

이런 아이들을 지켜본 결과 두 가지 이유가 있다는 것을 발견했습니다. 첫째는 어른 자체에 대한 반감입니다. 이 아이들은 과거에 어른들에게 상처를 받았던 경험이 있었습니다. 학교폭력의 피해자가 되어 선생님께 도움을 구했지만 무관심한 태도로 해결해주려는 노력을 하지 않았다든지, 자신의 비밀을 선생님에게 믿고 이야기했는데 그것이 비밀로 지켜지지 않고 웃음거리가 되었다든지 하는 경험을 가지고 있었습니다. 이런 직접적인 경험이 없더라도 자신이 겪고 있는 문제를 이야기했을 때 부모님이 부정적으로 반응하거나 잘못을 아이 탓으로만 돌리는 양육방식을 가지고 있었다면, 아이들은 쉽게 관심을 받아들이려 하지 않습니다. 그런 아이들은 '어른들은 다 똑같아' 내지는 '어른들은 내 말을 들어봤자 이해하지도 못하고, 이해한다고 해도 달라지는 건 아무것도 없어'라고 생각해서 마음의 문을 닫아버리는 것이지요.

두 번째 이유는 자신을 드러내지 않고 싶은 자기방어 기제의 발동입니다. 이는 자신에 대한 부정적 인식으로부터 출발합니다. 선생님이 계속해서 자신에게 관심을 가지고 자신의 내면과 생활에 대해 속속들이 알게 된다면, 자기를 싫어하게 될 것이라고 생각하는 것입니다. 자신이, 혹은 자신의 삶이 사랑받을 만한 것이 아니라고 생각하기 때문에 그들은 자신을 베일에 꽁꽁 숨기려 하게 됩니다. 이런 친구들은 겉으로 보이는 것에 집착하고, 남들의 시선을 과하게 신경 쓰는 경향을 함께 보입니다. 선생님과의 관계를 맺는 데에 있어 그저 데면데면하고, 자신이 포장한 모습만 보여주고 싶어 하는 것이죠.

이런 아이들의 마음 깊숙한 곳에는 진짜 나의 모습을 드러내면 버림받을지도 모른다는 불안감이 존재합니다. 나의 못난 면까지 괜찮다고, 나쁜 것이 아니라고 이야기해준 사람이 아무도 없었던 것입니다. 혹은 그렇게 이야기를 해줬다 한들 결론적으로 사이가 멀어져버렸다면 이런 생각은 더욱 강화되어 뿌리 깊게 아이의 방어기제로 남아 작동하게 됩니다.

이런 아이들에게 우리는 어떻게 다가가야 할까요? 평소엔 원하는 대로 관심을 주지 않는다고 해도, 아이가 규칙에 어긋나는 일을 했다거나 부정적인 감정에 사로잡혀 있는 것처럼 보일 때에도 그냥 지나쳐버릴 수는 없는 노릇입니다. 참 어려운 이런 아이들에게는 다음의 방법이 그나마 적절하다고 생각합니다.

우선 아이들이 편안함을 느낄 수 있을 만큼의 거리를 유지해주는 것이 중요합니다. 아이를 앉혀놓고 과하게 "선생님한테 얘기해봐. 다 들어줄게!" 하고 재촉하는 행위는 아이를 뒷걸음질치게 만들 뿐입니다. 대신에 저는 아이에게 "너에게 다 이야기하라고 강요하지 않을게. 하지만 선생님은 항상 너를 걱정하고 있고, 조금이라도 도움이 되어주고 싶으니까, 혹시라도 나중에 도움이 필요하면 주저하지 말고 이야기해줘"라고 말했습니다. 스스로를 개방하는 것을 강요하지 않겠다고 선언하는 것이죠. 또한 '계속해서 너에게 관심을 가지고 있다'는 것을 보여주기 위해 저는 실제로 오며 가며 가볍게 한 마디씩 건네려고 노력했습니다. 부담스럽지 않을 선에서 밝게 인사를 해준다거나, 지나가다가 가벼운 칭찬을 한다거나, 아이가 하고 있는 행동에 대해 짧은 코멘트를 하는 것입니다. 우울해 보이는 날에는 아주 가볍게 "인생이 맘대로 잘 안 되기도 하더라!" 하고 농담처럼 지나가며 관심을 표현해주기도 했습니다.

이렇게 하면 아이들은 선생님이 나에게 지속적인 관심과 애정을 가지고 있다고 느끼게 됩니다. 뒷걸음질칠 정도의 관심은 아니기 때문에 그 관심에 익숙해지게 되고, 그러다 보면 어느새 슬그머니 조금씩 마음을 열기 시작합니다. 쉬는 시간에 교실로 찾아와 다른 수업 시간에 칭찬받았던 일을 얘기하기도 합니다. 보통 자신의 좋은 면부터 공개하기 시작하고, 점점 무언가 학교에서 억울하거나 짜증 나는 일이 있을 때도 저를 떠올리게 됩니다. 자신을 대신해서 다른 선생님에게 항변해달라고 부탁하기도 합니다.

그렇게 한 걸음씩 선생님에게 용기를 내어 다가올 때 확실한 리액션을 제공해주면 좋습니다. 칭찬받았던 일을 자랑하면 그랬냐며 엄청

기특하다고 기뻐해주는 것입니다. 선생님에게 내 얘기를 하는 게 '재미있다'는 느낌을 주려면 농담을 섞으면 더 좋습니다. 과장된 리액션으로 아이에게 웃음을 주는 겁니다. "아이고 우리 하은이, 칭찬도 다 받고 다 컸네 다 컸어, 내일 졸업하자!"고 장난을 치고, 혀짧은 소리를 내며 "그래쩌? 칭찬받아서 기분 좋아쩌? 쌤도 칭찬 많이 해줘도 돼?" 하고 되지도 않는 애교를 부려 아이를 웃게 해주는 겁니다.

반면 억울한 일이 있다면 그 일을 적극적으로 들어주고 공감해주어야 합니다. 정말 억울했겠다고, 어떻게 화내지 않고 잘 참고 선생님에게 왔냐고 칭찬도 해주는 겁니다. 더 나아가 선생님께서 해결할 수 있는 부분이 있다면 도와주려고 노력하는 모습도 보여주어야 합니다. 설사 결과가 달라지지 않더라도 사소한 일에 선생님이 나를 도와주려고 노력하는 모습을 보면 조금 더 마음이 열릴 것입니다. 이렇게 한 걸음씩 조심스럽게, 부담스럽지 않게 아이에게 다가가는 노력이 필요합니다.

하지만 아이들의 마음의 문은 순식간에 다시 닫혀버리기도 합니다. 이미 뿌리 깊게 잡혀 있는 방어 기제가 너무 강해서, 하루에 한두 시간 남짓 함께하는 교사가 그 뿌리를 뽑아버리는 것은 역부족이기 때문입니다. 조금씩 나아지고 가까워지는 것 같다가도 어떤 사건을 계기로, 혹은 특별한 계기 없이 다시 멀어지거나 마음의 문을 닫아버리는 때도 있을 것입니다. 아이도 선생님과 가까워지며 선생님을 믿어보려고 나름대로 노력했을 테지만, 작은 일에도 "그것 봐, 선생님들은 다 똑같아"라고 생각하며 돌아서기 쉽습니다. 저 또한 여러 번 뒤돌아선 학생의 냉정한 등을 봐야만 했고, 그 과정에서 상처를 받기도 했습니다. 이제 좀 가까워졌다고 생각했는데, 내가 정말 많이 노력했는데, 하는 생각에 어떤 날에는 무심한 아이에게 서운한 마음이 들기까지 합니다.

그렇지만 교사로서 우리는 '그럼에도 불구하고 계속해서 사랑해야' 한다고 생각합니다. 벽을 쌓으려는 아이들의 모습을 보면서도 꿋꿋이 사랑의 눈을 유지하는 것, 그 아이가 밀어내면 기꺼이 한 발짝 밀려나 눈물을 닦아내고 다시금 나를 찾을 때까지 기다려주는 것, 나에게 한 걸음 다가오려 할 때 지난 일은 잊고 다시 한번 두 팔 벌려 환영해주는 것. 그것이 교사가 해야 할 일이 아닐까요?

아직 마음이 어려 서운하고, 그만두고 싶고, 도망치고 싶은 스스로에게 오늘도 주문을 외워봅니다.

"그럼에도 불구하고 사랑하자."

8 존경과 두려움, 그 차이

저는 존경받는 교사가 되고 싶습니다. 이 말은 '사랑받는 연예인이 되고 싶어요'라는 말처럼 너무나 당연하게 들립니다. 교권이 많이 추락했다고 하지만, 아직까지는 교사라는 직업 자체가 사회적인 존경이나 명예와 같은 이미지를 가지고 있기 때문일 겁니다.

다른 사람에게 제 직업이 교사라고 이야기하면 '오~ 선생님이시구나!' 하는 반응이 돌아옵니다. 교사는 학생들에게 지식을 전달하고 바른 길로 인도하는 신성한 직업이라는 생각 때문이겠지요. 사회적인 시선은 여전히 교사라는 직업이 존경받아야 할 특별한 것이라고 인식하는 듯합니다.

하지만 실제 학교 현장에서 저는 교사가 존경을 받는 것이 굉장히 힘들고 드문 일이라는 것을 깨달았습니다. 교사라는 지위만으로 부여되던 존경심은 더 이상 존재하지 않는 것처럼 보입니다.

실제로 아이들에게 우리 학교에서 존경하는 선생님이 몇 명이나 되는지 질문해봤는데, 아이들은 다섯 손가락도 끝내 다 채우지 못했습니다. 한 아이가 "A 선생님?"이라고 하면 주변 아이들이 반론을 제기합니다. "야, 그 선생님 똑똑한 건 인정하지만 수업은 진짜 별로야. 수업을 잘해야지 선생님이지." 또 다른 선생님 이름에는 이렇게 반응합니다. "그 선생님은 수업은 잘하시지만 자기밖에 모르고 좀 계산적이야." 아이들은 이렇게 한 선생님씩 지워나가며 존경의 기준을 높여갔습니다. 결국 아이들이 존경하는 선생님은 거의 없다시피 했고, 저는 씁쓸한 마음을 느껴야만 했습니다.

발령을 받은 첫 학기, 한 선생님께서는 저에게 아이들이 저를 너무 편하게 대하도록 내버려두는 게 아니냐고 하셨습니다. 아이들이 선생님을 너무 친구처럼 대한다고, 선생님은 그래도 위엄을 가지고 있어야 한다고 말씀하셨습니다. 너무 웃어주면 만만하게 보니 '무섭게' 하라는 말을 덧붙이면서 말입니다. 그 선생님은 실제로 학생들을 잘 다루고, 아이들이 쉽게 다가가거나 거스를 수 없는 위엄을 지닌 분이셨습니다.

저는 당시에 선생님의 그 충고를 무비판적으로 받아들여서, 이후 몇 주간은 아이들에게 잘 웃어주지 않으려 했습니다. 조그마한 잘못에도 화를 내며 다그치는 등 무섭게 인식되려고 노력해보기도 했습니다.

그때는 아이들이 저를 무서워하고 제 말에 복종하는 것이 존경받는 교사가 되는 길이라고 생각했고, 실제로 이 방법으로 몇 주간은 존경받고 있다는 느낌을 받기도 했습니다.

하지만 곧 무언가 어울리지 않는 옷을 입은 느낌이 들었습니다. 제가 작은 일에도 까다롭게 반응하자 아이들은 점점 제 수업을 '불편한' 것으로 인식하기 시작했습니다. 제 수업에 적극적으로 참여하던 학생들이 한두 명씩 엎드리기 시작했고, 제가 열심히 준비한 활동에도 참여하려는 의욕이 사라진 것처럼 보였습니다. 이것도 안 되고 저것도 안 되는 억압적이고 '무서운' 수업 분위기가 지속되면서, 예전처럼 활동적이고 적극적인 분위기의 수업은 잘 진행되지 않았습니다. 아이들이 적극적으로 의욕을 가지고 참여하여 생기가 돌던 교실은 제 무겁고 날카로운 말들로 채워지기 시작했고, 엎드려 자는 아이들에게도 날카로운 말이 꽂혀 다시 분위기가 처지는 악순환이 반복되었습니다. 저를 보던 반짝이던 눈들은 하나둘씩 그 반짝임을 잃어가기 시작했고, 그 과정에서 저는 아이들이 저로부터 멀어지고 있으며 '존경'이라는 말과는 더욱 멀어지고 있다는 생각이 들었습니다.

몇 주간의 호랑이 선생님 행세는 이렇게 저에게도 불편한 감정을 주었고, 존경받는다는 느낌도 더 이상 들지 않았습니다. 그렇게 저는 값진 깨달음을 얻었습니다. 그것은 바로 존경은 두려움에서 나오지 않는다는 것입니다. 무서움에 의한 복종은 존경이 아니라는 것입니다. 진정한 존경이란, 상대를 배울 점이 있는 훌륭한 사람으로 인식하고, 그 사람이 강요하지 않아도 자발적으로 따르고자 하는 마음을 가지는 것입니다. 그래서 제가 선생님으로서 존경받는 느낌을 받을 때는 아이들이 저를 무서워해서 제 말에 복종하고 제 말을 절대로 거스르지 않을 때가 아니라, 아이들이 제가 열심히 준비한 수업에 의욕적으로 따라주고 반짝거리는 눈으로 저를 바라볼 때였다는 사실을 깨달았습니다.

초보 선생님들은 보통 다른 선생님들에 비해 나이가 어리기 때문에, 아이들에게 얕잡아 보이고 싶지 않다는 생각에 '무서움'을 흉내 내고 싶어집니다. 까다롭고 무섭게 굴어야만 아이들이 자신을 무시하지 않고 존경할 것이라는 생각 때문입니다. 어쩌다 아이들이 친구처럼 다가올 때면 그 아이들이 나를 존경하지 않는 것 같아 버럭 화가 나기도 합니다. 우리는 흔히 존경심과 편안함이 공존할 수 없는 것이라고 생각하기 때문입니다.

하지만 요즘 같은 학교 환경에서는 초임 선생님들이 무서운 태도를 보이면 아이들은 마음속으로 그 선생님을 비웃을지도 모릅니다. 아직 잘 모르는 선생님이 화를 내다 보면 부적절한 실언을 하기도 하고 틀린 정보를 함께 전달하게 되어 도리어 민망해지는 일도 반드시 일어납니다. 과도하게 무서움의 가면을 쓰면, 초임 교사는 점점 존경과는 거리가 멀어지고 아이들과의 거리까지 놓치게 됩니다. 진짜로 화를 내야만 하는 상황이 아니라면, 화를 내며 무서움을 흉내 내는 방법으로 존경심을 얻으려는 것은 좋지 못한 선택이라고 말씀드리고 싶습니다.

이러한 믿음 아래 저는 2년의 교직 생활에 임했고, 감사하게도 어떤 아이들에게는 '존경하는 선생님'이라는 말도 듣게 되었습니다. 어울리지 않는 무서움으로 아이들 앞에서 나를 방어하고 무장하기보다는, 솔직하게 저를 보여주고 아이들과 함께 호흡하려고 노력했기 때문에 가능한 일이었다고 생각합니다.

학교생활은 교사에게도 거칠고 힘듭니다. 반항하는 아이들, 예의 없게 행동하는 아이들, 떠드는 아이들, 도무지 말이 통하지 않는 아이들까지……. 내 말 한마디면 껌뻑 죽고 따르는 '호랑이' 선생님이 되고 싶다는 마음이 불쑥불쑥 저를 집어삼키기도 합니다. 작은 것에도 신경질적으로 무섭게 화를 내어 저 자신을 보호하고 싶기도 합니다.

하지만 저는 두려움이 아니라 존경을 받는 교사가 되고 싶다는 신념을 지키고자 합니다. 이 신념을 굳게 지켜 억압하고 강요하며 무섭게 행동하지 않아도 아이들이 스스로 따를 수 있는 교사가 될 수 있기를, 수양하는 마음으로 기다려보고자 합니다. 어울리지 않는 분노의 가면 뒤에 숨어 무너져가는 관계에 불안해하지 않고, 존경심을 사기 위한 도구로 무서움을 사용하지 않기를 스스로에게 다짐해봅니다. 존경은 결코 무서움으로부터 나오지 않으니까요.

첫해 스승의 날, 아이들로부터 받은 '웃상'.

행정 업무에 대처하는 교사의 자세

바늘구멍 같은 임용고사의 경쟁률을 뚫고 첫 발령을 기다리던 저는 수업을 어떻게 하면 좋을까, 학급 운영을 어떻게 하면 좋을까에 대한 생각으로 머릿속이 가득 차 있었습니다. 교사가 해야 할 일 중에 행정 업무도 있다는 사실은 알고 있었지만 그게 어떤 것인지 감조차 오지 않았고, 미리 걱정하고 고민을 하려 해도 할 수가 없었습니다. 학생으로서 학교에 다닐 땐 선생님들이 행정 업무를 하시는 것을 직접 본 적도 없었고, 그 내용이 어떤 것인지에 대한 감도 전혀 없었습니다. 그래서 행정 업무가 힘들다는 말을 들어도 별다른 생각도 감정도 없었던 것입니다.

그런데 막상 학교에 들어오고 보니, 이 행정 업무라는 것이 생각보다 교사의 일과에서 차지하는 비중이 상당히 크다는 것을 알게 되었습니다. 요즘 신규 교사들은 똑똑하더라는 이야기와 함께, 저는 첫해에 '교무기획'이라는 무거운 자리를 맡게 되었습니다. 그런데 인수인계를 받으러 가서는 전임 선생님의 폴더 목록을 보고 까무러치게 놀랐습니다. 이렇게 많은 서류들을 제 손으로 만들어내야 하다니, 보통 일이 아니겠구나 하는 생각에 부담이 컸습니다.

실제로 저연차의 젊은 선생님들이 학교에서 중요한 업무를 맡게 되는 경우가 많습니다. 사실 학교의 행정 업무라는 게 엄청난 전문성을 필요로 하는 것은 아니므로, 젊고 똑똑한 선생님들이 조금만 배우면 금방 잘 해낼 수 있다고 생각하시기 때문입니다. 하지만 그 업무의 어려운 정도를 떠나서 우선 양이 많기 때문에, 행정 업무를 맡은 선생님들이 허덕이게 되는 경우가 꽤나 많습니다. 외부에서 보면 교사는 수업이 없는 시간에는 여유롭게 커피도 한잔 마시며 수업을 준비할 것 같지만, 사실 쉬는 시간과 공강 시간 내내 컴퓨터 앞에 딱 붙어 한글과 엑셀 프로그램 등을 이용해 바쁘게 작업을 하는 경우가 허다합니다.

예전의 저처럼 학교에서 하는 행정 업무가 잘 상상되지 않는 예비 교사님들을 위해 자세히 알려드리면 이렇습니다.

학교에서 진행되는 모든 행사는 그 행사를 어떻게 시행할지에 대한 시행 계획이 필요하고, 그 행사에 진행될 예산을 어떻게 사용할 것인가에 대한 계획도 필요합니다. 그리고 그 모든 계획에 대해 학교장의 승인을 받아야만 합니다. 학교 축제를 연다면 전체적으로 어떻게 시행할 것인지에 대한 계획을 세워 결재를 받고, 그 뒤 실제 물품을 구입하면 100원 단위까지 세세하게 적어 승인을 받아야 합니다. 결재를 받고 나면 이와 관련된 교직원 연수를 진행해야 하기 때문에, 연수자료를 만들어 다시 한번 결재를 받아야 합니다. 학생들에게 나갈 가정통신문이나 안내자료도 마찬가지입니다. 이후 실제 행사 진행에 필요한 시나리오를 작성하고, 조명 및 음향 업체 등에 전화하여 발주를 하고 역시 각각에 대한 승인을 받아야 합니다.

축제를 잘 진행하고 나면 축제의 만족도와 개선할 점을 알아보기 위해 설문지를 만들어 돌리고, 평가회를 진행합니다. 이 모든 것에 대해서 하나하나 문서화하여 승인을 받아야만 하고, 모든 문서 작업을 담당 부서의 교사들이 하게 됩니다.

이런 식으로 학교의 모든 일은 학교장의 승인을 받아야 하고, 이를 위해 매 단계를 문서화하여 승인을 받는 절차가 남아 있습니다. 축제, 체육대회, 입학식, 졸업식과 같은 일회성 이벤트뿐만 아니라 매일매일의 학교 시간표, 연간 학사 일정, 교육청에서 예산을 받아 지원하는 다양한 프로그램에 대해서도 마찬가지로 교사들이 행정적인 처리를 하게 됩니다. 또 담임을 맡게 되면 '나이스(NEIS)' 프로그램에 매일 학적사항을 기록하고 기타 다양한 행정처리를 해야만 합니다.

이렇다 보니 맡은 업무가 무엇인지에 따라서 처리하게 되는 일의 양이 매우 달라지게 되고, 연말이 되면 교사들은 어떤 학년 어떤 아이들을 맡게 되느냐보다 어떤 업무를 맡게 될 것인가에 신경이 곤두서기도 합니다. 많은 업무를 배정받게 되면 1년 내내 힘들어진다는 것을 알고 있으니까요.

이런 상황 속에서 상대적으로 어려운 업무를 맡게 될 확률이 높은 저연차 교사들은 불행히도 수업과 아이들에게 온전히 집중하기가 힘들어집니다. 교사가 다른 직업에 비해 야근을 많이 하지 않아도 되는 좋은 환경이라고 알려져 있지만, 사실 행정 업무가 과중하면 야근을 하기도 합니다. 아이들 챙기랴, 수업 준비하랴, 학부모님들과 상담하랴, 행정 업무를 하랴, 정말 바쁘게 생활하게 됩니다. 한 동료 선생님께서는 처음에 자신이 교사인지 행정사인지 모르겠다는 생각이 들어, 교직에 대한 회의감까지 느끼셨다고 합니다. 행정 업무는 처음 접하면 아이들과 만나는 것보다 훨씬 더 낯설고 적응이 힘든 일이기에, 교직이 내 생각과는 너무 다르다고 생각하게 된 것이지요. 저 또한 업무에 치이는 어떤 날에는 '내가 지금 무엇을 하고 있는 건가' 하는 허무한 생각에 사로잡히기도 했습니다.

행정 업무와 담임교사를 완전히 분리해놓는 학교도 있습니다. 보통 학급 수와 학생 수가 많은 큰 단위의 학교가 그 둘을 분리하거나 담임에게는 아주 적은 양의 업무만을 부여하기도 합니다. 그러나 담임을 맡기만 해도 아이들의 출결 사항이나 봉사활동, 생활기록부 작업 등을 통해 행정적으로 처리해야 하는 일이 꽤 많기 때문에, 행정 업무와 문서 작업으로부터 완전히 자유로운 교사는 없습니다. 결국 행정 업무는 교사가 수업이나 학급 운영과 함께 적응해나가야 하는 것들 중 하나라고 할 수 있습니다.

이런 상황 속에서 취할 수 있는 방법은 두 가지입니다. 하나는 저연차 교사로서 힘든 일을 맡는 것을 피할 수 없다면, 힘든 일들 중에서도 그나마 즐길 수 있는 일을 찾는 것입니다. 첫해에는 신규 교사의 의사가 대부분 잘 반영되지 않기 때문에 어쩔 수 없이 받아들여야 하겠지만, 다음 해에 의견을 피력할 수 있을 때에는 조금이라도 더 자신에게 잘 맞는 업무를 선택하셔야 합니다.

학교에서 보았던 바로는 각 부서마다 일의 성격이 조금씩 다릅니다. 교무부는 학교의 전반적인 시스템이나 교사들의 업무를 뒤에서 총체적으로 지원해주는 성격을 지녔습니다. 생활부(학생부)는 아이들과 직접 대면하고 부대끼며 학교 내에서 일어나는 다양한 문제 상황을 전면에서 해결하는 부서입니다. 연구부는 학교교육과정에 새로운 프로그램을 들여오거나 기존의 교육과정을 평가함으로써 학교의 질적인 발전을 도모하는 부서입니다. 창체부는 학생들이 즐거워할 수 있는 창의적인 체험활동을 기획하고 운영하여 학교에 생기를 불어넣는 역할을 담당합니다. 그 외의 부서들도 각각 특징을 지니고 있습니다. 그중에서 나의 성격과 잘 맞는 것이 무엇일지 고민하여 그 방향으로 업무를 맡는 것이 좋습니다. 무조건 일을 적게 하는 것보다는 나와 잘 맞는 일인지가 더욱 중요하다는 생각이 듭니다.

현실적으로 우리가 할 수 있는 두 번째 방법은, 너무 잘하려 하지 않는 것이라고 생각합니다. 물론 행정 업무 또한 교사에게 맡겨진 임무이기에, 책임감 있게 수행해내야 하는 것이 당연합니다. 하지만 결국 교사에게 행정 업무보다 더 중요한 것은 아이들과 만나는 수업과 학급 운영일 것입니다. 행정 업무는 효율성을 높이고 꼭 해야 할 것을 하는 데 주력하고, 너무 열심히 완벽하게 해내려는 마음은 내려놓는 것이 좋습니다. 책임감을 가지고 해내되, 해야 할 일들 사이의 경중과 우선순위를 놓치지 않는 것이 가장 중요하지 않을까 하는 생각이 듭니다.

예비 선생님들께는 생각보다 많은 행정 업무에 놀라지 마시기를, 그리고 엄청난 양의 업무를 맡아 고생하시고 있을 많은 저연차 선생님들께는 심심한 위로의 말씀을 드립니다. 교사의 행정 업무 부담이 줄어들고, 조금 더 아이들에게 집중할 수 있는 시스템이 정착되기를 진심으로 바라봅니다.

나는 1년 차 교사입니다

언니라고 불러도 돼요?

2

1 행복한 교직 생활은
따뜻한 시선이 좌우한다

'교직이 적성에 맞다'라는 문장이 의미하는 바는 매우 다양합니다. 교직이 적성에 맞는다고 느끼는 교사는 강의실력이 뛰어난 것일 수도 있고, 아이들이 재미있게 참여할 수 있는 활동을 구성하는 능력이 뛰어날 수도 있으며, 아이들을 휘어잡고 지도하는 능력이 뛰어나 아이들로부터 원하는 행동을 잘 이끌어내는 힘을 지녔을 수도 있습니다. 좋은 교사란 어떤 교사인가에 대한 생각이 모두 다르기 때문에, 이러한 저마다의 해석은 모두 그럴듯하고 수긍할 만하다고 생각합니다.

짧은 교직 생활 동안 제가 느낀 것은, 교사라는 직업이 어떤 사람에게 잘 맞으려면 '지속 가능성'이 중요하다는 것입니다. 강의력이 아무리 뛰어나도 하루에 매일 서너 시간, 많게는 다섯 시간씩 강의를 하다 보면 지칠 수밖에 없습니다. 아이들이 재미있어 하는 활동을 잘 만들어내는 교사도 마찬가지입니다. 학교에서는 이벤트나 프로젝트처럼 오랜 기간 동안 준비해서 한 번의 실행으로 끝내는 것이 아니라 매일, 매 수업 시간마다 아이들을 위한 활동을 넣어야 합니다. 그러므로 너무 많은 에너지를 활동에 투자한다면 금방 지쳐 나가떨어지고 말 것입니다. 아이들을 통제하는 것도 마찬가지입니다. 아이들을 지도하고 통제할 수 있는 힘을 가지고 있어도 그 지도에 시동을 걸게끔 하는 동기가 주어지지 않는다면 곧 지치거나 질려버리게 됩니다. 교사에게는 강의력이나 활동 제작능력, 지도력 자체보다도 그러한 능력들을 '꾸준히, 지치지 않고' 발휘하도록 스스로 동기를 부여할 수 있는지가 더 중요하다는 판단이 듭니다.

첫 발령을 받고 학교에 온 뒤 선배 선생님들께서는 교직은 큰 인내심과 끈기가 필요하다고 이야기해주곤 하셨습니다. 학창 시절에는 무언가 노력하면 그에 대한 대가가 따르는 삶을 살아왔을 테지만, 학교에서는 교사가 노력한다 해도 대가를 받지 못하는 경우가 많다는 것입니다. 인내하고 한 번 더, 견뎌내고 딱 한 번 더, 눈 딱 감고 마지막으로 한 번 더 아이들을 가르쳐야만 하고, 그렇게 하더라도 원하는 결과에 이르지 못하는 경우가 많다는 것입니다. 원하는 목표를 달성하기 위해 긴 시간이 걸리는 교직의 특성상, 교사들은 인내심과 끈기를 가지고 이러한 환경 속에서 받을 수 있는 스트레스를 최소화하고, 스트레스를 받더라도 학교 안에서의 사소한 순간들로부터 행복을 느끼며 그 스트레스를 해소해나가야만 합니다.

저는 교사의 이런 '지속 가능성'을 키워주는 데 가장 중요한 것이 '아이들을 사랑스럽게 바라보는 따뜻한 시선'이라고 믿습니다. 학교에 있다 보면 아이들의 행동에 고개를 절레절레 내젓게 되는 경우가 있습니다. 선생님이 아무리 지도하고 노력해도 월담과 흡연을 멈추지 않는 아이들, 합당한 벌로 주어진 청소에 불평하며 대충 해버리는 아이들, 일부러 시간을 내서 도움을 주려고 해도 신경을 끄라고 차갑게 거절하는 모습, 선생님들이 가득하신 교무실에서 아무렇지 않게 욕을 쓰며 친구들과 대화하는 아이……. 이런 모습을 보면 자연스럽게 고개를 젓게 되고, 때로는 아이들이 미워 보이기도 합니다. 그런 아이들을 상대하고 싶지 않거나, 그냥 무시해버리고 싶은 마음이 들 때도 있습니다. 그렇지만 아이들을 미워하는 마음은 도리어 제 마음에 상처를 남기게 됩니다. 아이들을 미워하기 시작하면, 미워할 만한 행동들이 더욱 많이 눈에 보일 수밖에 없습니다. 이런 상황에서 필요한 것이 바로 아이들을 '따뜻하게 바라볼 수 있는 능력'일 것입니다.

여기서 사랑스럽게 본다는 것은 무언가를 예쁘고 귀엽다고 생각하는 마음과는 결이 다른 것입니다. 귀여움과 예쁨을 넘어 애잔함, 애틋함, 연민, 공감, 이해 등 복합적인 감정이 섞여 있는 무언가입니다. 말하자면 근본적인 인류애와 같은 것입니다. 아이가 살아온 삶에 대한 이해와 공감, 그 아이가 그래도 잘 자라날 수 있을 거라는 긍정적인 기대감과 같은 것을 전제하는 감정입니다.

말하자면 이렇습니다. 아이가 기대를 저버리고 잘못된 행동을 하면 화가 나고 실망감을 느끼면서도, 마음 한켠으로는 그 아이가 그렇게 될 수밖에 없었던 상황이나 환경을 이해하고, '오죽하면 그랬을까' 하는 안타까워하는 마음을 함께 가지며, 아이가 화내는 내 앞에서 기죽는 척이라도 한다면 그 모습에 어느 정도는 감동받고, 예뻐하는 마음까지 가지는 것입니다. 실망감과 화남을 느끼고 그것을 아이에게 보여준다는 점에서, 어떤 행동을 하든 아이를 귀여워해주는 것과는 확연한 차이가 있으며, 과잉보호로 이어지는 것도 아닙니다.

　　이렇게 아이들을 사랑스럽게 바라보는 것은 교사에게 선순환을 가져옵니다. 교사가 아이들을 미워하는 마음을 가지고 '저 아이는 나쁜 아이'라는 낙인을 찍게 되면 긍정적인 변화를 감지해내기가 힘듭니다. 수업 시간에 소란을 피우는 아이가 수업을 집중해서 듣는 순간이 있으면 즉각적으로 그 아이의 행동을 강화시켜주어야 하는데, 그 아이에게 선입견을 가지고 있다면 왠지 의심스러운 마음이 앞서거나 선뜻 칭찬해주고 싶지 않을 수도 있습니다. 그리고 진심 어린 애정이 묻어나지 않는 칭찬은 아이의 마음에 울림을 주기 힘듭니다.

　　하지만 아이를 이해하려고 노력하고, 따뜻한 시선으로 바라보려고 노력하는 교사는 아이의 작은 변화에도 큰 행복을 느낄 수 있습니다. 아이가 달라진 모습을 보였을 때 진심으로 기뻐하며 마음에서 우러나오는 칭찬을 하면, 겉으로는 드러나지 않아도 아이들의 마음에는 울림이 생기게 되고, 그것이 자연적인 성숙과 맞물리면 변화와 성장으로 이어지게 될 것입니다. 그러면 교사는 그 변화와 성장을 보며 다시금 행복을 느끼고, 그렇게 선순환이 시작됩니다.

이 능력이 꼭 필요하다고 생각하는 이유는 바로 아이들이 그것을 너무나도 잘 알아차리기 때문입니다. 저는 가끔 수업 시간에 상습적으로 조는 아이들에게 사랑스러움을 느낍니다. 수업에는 결코 좋은 영향을 주지 않지만, 졸음과 꾸역꾸역 싸워내는 모습을 보면 안쓰럽고, 짠하고, 어쩐지 마음이 갑니다. 그럴 때 저는 장난 섞인 목소리로 "어이구 졸렸구나, 그래도 학습지 해보려고 나름 한 줄은 적는 노력이 예쁘다. 민석아 고마워"라고 말을 건넵니다. 그리고 그런 제 관심과 사랑을 느끼는 듯, 늦게라도 다양한 형태로 아이들로부터 보답이 돌아오곤 합니다.

사실 수업 태도가 크게 달라지는 경우는 드뭅니다. 하지만 쉬는 시간에 찾아와 한 번이라도 더 인사를 하고 가기도 하고, 지나가다 만나면 자신이 요즘 영어 공부를 열심히 하고 있다며 위풍당당하게 자랑하기도 합니다. 이런 아이들은 수업을 잘 듣지 않더라도 다른 상황에서 저에게 응원과 호응을 보내주기도 해서, 문제 상황이 있을 때도 큰 도움이 됩니다. 아직 어린 우리 아이들은 자신을 사랑해준다고 느끼는 선생님에게는 자신도 선의로 대하게 되는 것이지요.

그러다 어느 날 그 아이의 컨디션이 좋이 수업을 잘 들으려고 하는 날이면 저에게는 '엄마 미소'가 절로 나옵니다. 진심으로 기쁘기 때문에 그 마음은 아이들에게 전달되고, 그것이 진정한 강화를 가져옵니다.

그렇게 더디지만 점점 앞으로 나아가는 아이들의 모습을 보면 사랑스러워하는 능력이 얼마나 중요한가를 절감하곤 합니다.

사랑스럽게 보려고 마음먹으면 아이들은 너무나도 예쁜 모습을 많이 보입니다. 저는 아이들이 사랑스러워 보이는 순간을 메모하곤 합니다. 마지막 시험 시간에 벨소리를 기다리며 시계의 초를 열중해서 세는 모습, 아무런 상금도 없는 학교 체육대회를 위해 매일 몇 시간씩 방과 후에 남아 연습하며 서로에게 안무를 가르쳐주는 열정적인 모습, 스승의 날이라고 깜짝 이벤트를 준비하면서 참지 못하고 티를 내버리는 미숙함, 잘못한 일로 크게 혼난 날 저녁 문자로 죄송하다고 앞으로 잘하겠다고 맞춤법을 틀려가며 문자를 보내는 순수함, 종례가 끝난 후 괜히 짐을 느릿느릿 챙기며 남아서 오늘 있었던 이야기를 전하는 아이들, 표정이 굳은 채로 조회시간에 들어가면 슬쩍 눈치를 살피며 서로를 조용히 시키는 아이들의 모습, 열심히 노력한 시험에서 미끄러졌을 때 속상해서 눈물을 훔치는 모습, 화장을 진하게 하던 아이가 화장을 하지 않고 온 날 너무 예쁘다고 했더니 부끄러워하며 배시시 웃어 보이는 모습 등, 매 순간 아이들은 새로운 감동과 행복을 전해줍니다.

또 가끔은 아이들에게서 '의외의' 사랑스러움을 느낄 때도 있습니다. 매일 거짓말을 밥 먹듯이 하던 학생이 축구 대회에는 거의 감독이 되어 가장 열심히 참여할 때, 매일 시건방을 떨던 아이가 영어 공부를 좀 해보겠다며 곰 같은 투박한 손으로 영단어를 쓰고 있을 때, 나쁜 수업 태도로 항상 지적받는 아이가 보드게임을 하며 세상에서 가장 해맑은 표정으로 웃어 보일 때, 매일 무기력하게 엎드려 있던 아이가 학급 교실을 꾸미는 미화 시간에는 누구보다 적극적으로 참여할 때, 매일 퉁명스럽게 굴더니 상담을 할 때 자신의 가정사를 털어놓고 자기는 괜찮다며 어른스러운 척 웃어 보일 때까지…….

사람들은 모두, 또 아이들은 더더욱 들여다볼수록 사랑스럽습니다. 아이와 나는 학생과 선생님이기 전에 복잡하게 뒤엉킨 여러 감정의 선로를 걸어가는 같은 인간입니다. 우리는 같은 인간으로서 느끼는 동질감이나 연민, 이해, 대견함과 기특함, 내가 겪어보지 못한 것에 대한 몰이해에 대한 반성 등의 감정이 복잡하게 얽힌 이 사랑스러움의 마음을 꾸준히 지니고자 노력해야 한다고 생각합니다. 아이가 사랑스럽게 보이지 않는다면 그것은 그저 아이가 행복하게 웃을 수 있는 환경이 주어지지 않았기 때문이라는 것도 이해해야 할 것입니다.

아직 경력이 짧은 저에게는 체화되지 않은 힘들고 버거운 일입니다. 하지만 아이들의 좋은 점을 봐주려고 노력하고, 그 아이의 상황과 배경을 이해하려고 노력하며 사랑스럽게 바라볼 수 있는 능력이 점차 체화된다면, 제가 가진 교사로서의 장점과 능력을 꾸준히 지치지 않고 발휘할 수 있게 될 것이라고 기대해봅니다.

사랑스러운 아이들과 함께.

2 반나절 만에 아이는 내 편이 된다

    행복한 교직 생활을 위해서는 교사가 아이들을 사랑스럽게 바라보는 것도 중요하지만, 아이들에게 사랑을 받는 것도 매우 중요합니다. 아이들이 나를 따르고 사랑해준다면, 더 즐거운 마음으로 아이들에게 최선을 다할 수 있으며, 그것은 그 자체로 살아가는 에너지가 될 수 있습니다. 사랑받는 선생님들은 일이 힘들고 지쳐도 행복하게 학교생활을 할 수 있습니다.

    그런데 아이들의 마음을 얻는 방법은 생각보다 어렵지 않습니다. 아이들은 선생님들에게 쉽게 마음을 줍니다. 학교에서 대부분의 시간을 보내는 아이들에게 선생님은 학교에서의 부모 같은 존재입니다. 나를 챙겨주고 내가 모르는 것을 알려주는 부모를 사랑할 수밖에 없듯이,

아이들은 자신이 속한 집단의 리더이고 학교의 모든 안내사항을 전달받는 통로인 선생님을 사랑할 수밖에 없습니다. 선생님이 조금만 마음을 써도 아이들은 언제든 선생님을 사랑하고 따를 준비가 되어 있습니다.

딱 반나절 만에 아이들은 선생님인 저의 팬이 되기도 합니다. 교직 첫해 여름방학에 있었던 일입니다. 학교에 잠깐 들러 처리할 일이 있었는데, 제가 가르치던 한 학생이 영문으로 된 생활기록부를 떼러 학교를 방문했습니다. 2학기에 미국으로 유학을 갈지도 모른다는 것이었습니다. 평소 교류가 많았던 학생은 아니지만, 마침 저도 여유가 있었기에 불러서 이런저런 얘기를 나누었습니다. 어디로 유학을 가는지, 준비는 잘하고 있는지 물어보고 얘기를 들어주었습니다. 그런데 그 학생의 말이, 당장 오늘 밤에 영어 인터뷰가 있는데 준비를 하나도 못 했다는 것이었습니다. 갑작스럽게 준비하던 중인데, 학원 영어 선생님께서도 오늘 수업이 있어서 도와주지 못한다고 하셨다는 겁니다. 이제 집에 가서 엄마와 준비해야 하는데, 너무 막막하다고 말이지요.

그때 학생은 저에게 부탁할 생각은 미처 하지 못했던 것 같았습니다. 하지만 제가 도울 수 있다는 생각이 들었고, 마침 여름방학 중이라 그다지 급한 일도 없었기에, 마음이 급할 그 학생에게 제가 도와주겠다고 이야기했습니다.

학생은 눈이 휘둥그레져서는 "정말요?"를 반복했습니다. "그렇게 해주시면 너무 감사하죠. ㅜㅜ" 하며 기뻐하는 아이의 반응을 보자 도와주기로 한 것이 정말 잘했다는 생각이 들었습니다. 저는 곧 학생과 함께 근처 카페에서 약 세 시간가량 예상 질문과 대답을 연습하며 아이를 봐주었고, 잘할 거라는 격려도 해주었습니다. 중간중간 학교생활에 대한 이야기, 친구 관계에 대한 이야기도 곁들여져서, 시간이 금세 지나갔지요.

그 세 시간의 도움 이후 학생은 완전히 저의 '덕후'가 되었습니다. 저 멀리 복도에서 "하은쌤~" 하며 달려오는 것은 기본이고, 뭐든 시키면 할 기세로 저를 쫓아다니곤 했습니다. 롤 모델이 저라며 이것저것 물어보고 저를 따라 하기 시작했고, 졸업하는 날과 제 생일에는 열심히 쓴 편지를 가져다주기도 했습니다. 졸업한 지 1년이 지나는 지금도 어김없이 롤 모델에 제 이름을 써주고, 원하는 대학에 진학하면 자신과 함께 여행을 가자면서 열심히 공부하고 있습니다.

내 편의 선물.

반나절도 되지 않는 시간이었고, 저에게는 크게 어려운 일도 아니었던 그 세 시간의 도움으로, 저는 이렇게 천군만마와 같은 지원군을 얻으며 교직 생활을 시작했습니다.

이 아이만 특별하게 그랬던 것은 아닙니다. 방과 후에 상담을 할 수 있느냐며 도움을 요청하는 친구들이 있습니다. 담임을 맡지 않았던 시기의 저에게 상담을 요청하는 아이들은 정말 도움이 절실해서 찾아오는 경우입니다. 사실 학교에서 바쁘게 일하다 보면 쉬고 싶은 마음이 간절해지기에, 상담 시간이 아깝게 느껴질 수도 있습니다. 특히 퇴근 이후의 시간에 상담을 요청하면 더욱 부담스럽게 느껴지기도 합니다. 하지만 저는 기꺼이 도움을 주고 싶은 열정에, 아이들에게 언제든지 상담을 요청하라고 전했습니다. 진로나 진학, 인간관계에 대한 상담을 요청해오면 저는 적당한 날짜를 잡거나 방과 후에 남아 아이들의 이야기를 들어주곤 했습니다.

중고등학교에 다니는 아이들의 머릿속은 굉장히 복잡합니다. 공부도 걱정이고, 진학도 걱정이고, 진로도 정하지 못했고, 친구 관계는 너무나도 어렵습니다. 친구들에게 털어놓자니 왠지 진지한 얘기를 하는 게 부끄럽기도 해서, 나보다 더 오래 산 사람들의 이야기를 들어보고 싶은 마음이 들면 선생님을 찾게 됩니다. 그리고 그 복잡한 마음을 선생님이 들어주는 것만으로도 아이들은 선생님을 신뢰하고 따르게 됩니다. 자신에게 기꺼이 시간을 투자해주는 사람에게 사랑을 느끼고 의지하게 되는 것입니다. 바쁜 생활 속에서 자신에게 기꺼이 그만큼의 시간을 내어주는 어른이 많지는 않은 탓일 겁니다. 힘들고 지쳐도 딱 한 시간만 시간을 내서 대화하면, 아이들은 저를 좋은 어른으로 기억하고 따르고 싶어 합니다.

작은 것이라도 좋습니다. 지나가다 요즘 고생한다며 건네는 사탕 하나도 좋습니다. 우리 학교의 한 체육 선생님은 어떤 학생이 특정 예술고등학교에 진학하려는 것을 우연히 알게 됐고, 그날 쉬는 시간 10분을 할애해서 그 학교 입시를 준비하는 방법을 정리한 프린트를 그 아이에게 건네주었습니다. 또 어느 수학 선생님은 반 아이들의 생일날 손바닥만 한 작은 카드에 생일축하 메시지를 몇 줄 적어 전해주었습니다. 마음만 먹으면 시간이 많이 드는 일은 아니지만, 아이들로서는 느껴본 적 없는 감동을 느끼게 됩니다. 아이의 관심사를 알아두었다가 관련된 행사의 공문을 찾아서 복사해주고 관심 있으면 선생님이 도와주겠다고 하는 일, 축제 준비기간에 아이들과 함께 남아 밴드의 합주를 함께 들으며 칭찬해주는 일, 더운 여름날 축구를 하는 아이들에게 500원짜리 아이스크림을 하나씩 사주는 일, 학원을 가지 않는 아이들에게 방과 후에 남으라고 해서 교실에 공부방을 만들어주는 일 등을 통해 아이들은 선생님을 사랑하게 됩니다.

퇴근 후에 자신의 삶을 챙기고 지키는 것도 물론 중요합니다. 가정이 있는 선생님들께서는 자의 반 타의 반으로 4시 30분이 되면 칼퇴근을 해야만 하죠. 하지만 아직 가정이 없고 일정이 크게 바쁘지 않은 선생님이라면, 시간을 조금 더 내어 아이들과 함께 보내는 것도 좋은 방법이라고 생각합니다.

아이들은 시간을 들이는 만큼 선생님을 믿고 의지하게 됩니다. 아이들에게 선을 긋고 사무적으로 대하게 되면 아이들은 귀신같이 그 마음을 알아챕니다. 반면에 자신을 위해 기꺼이 시간과 마음을 써줄 준비가 되어 있는 선생님은 알아보고 사랑하고 따르기 마련입니다. 그러므로 아이들에게 마음을 열고 시간을 쓰는 것은 행복한 교직 생활을 시작하는 데 큰 도움이 되리라고 저는 믿습니다. 그 과정에서 때로는 아이들로부터 상처를 받을 수도 있겠지만 말입니다.

아이들의 마음을 얻는 것은 어렵지 않습니다. 어쩌면 아이들은 언제든 사랑할 준비가 되어 있는 듯합니다. 자신에 대해 걱정하고 신경을 쓰고 있다는 마음만 전달해도 아이들은 특별한 애정을 가지고 선생님에게 다가와주고, 오래도록 기억합니다. 엄마, 아빠가 아닌 다른 어른이 이만큼 나를 위해주고 걱정해준다는 사실은 아이들에게 생각보다도 더 큰 마음의 위안이 되어줄 것입니다.

3 칭찬 중독?
오늘부터 파업하겠습니다

담임을 맡았던 첫 학기에 저는 아주 훌륭한 학급 회장을 만났습니다. 시킨 일은 누구보다 완벽하게 해내기 위해 노력하고, 시키지 않은 일까지 찾아서 하는 회장이었습니다. 그 친구의 성씨가 '인'이었기에 저는 늘 인 회장, 인 회장, 하며 일을 시키고 도움을 청하곤 했습니다. 아이들 자리를 바꿔줄 때에도 그 아이의 의견을 먼저 구했고, 아이들 간에 갈등이 있을 때도 회장과 함께 상의해서 적절한 해결책을 찾곤 했습니다. 우왕좌왕할 수 있었던 첫 학기를 인 회장 덕에 꽤나 안정적으로 운영할 수 있었습니다.

이렇게 저와 함께 멋진 학급을 구성해나가던 인 회장이 4월의 어느 날 저에게 섭섭함을 토로합니다. 한창 학급 축구대회와 체육대회를 준비하느라 노력하던 때였습니다. 아이와 한참 문자를 주고받으며 일 얘기를 나누고 있었는데 "쌤, 이렇게 일을 잘하는데 이쯤 되면 칭찬 한번 해주셔야죠, 안 해주시는 건 너무한 거 아닌가요!"라는 문자를 보내왔습니다. 그러더니 "저 인 회장, 오늘부터 파업하겠습니다!"라는 말을 덧붙이는 것이었습니다.

3월 첫 달에는 열심히 일을 찾아 하는 회장이 고맙고 신기해서 저도 종종 칭찬하고 띄워줬는데, 4월쯤 되니 저도 모르게 칭찬이 뜸해졌던 것인지, 서운한 감정을 토로한 것이었습니다.

저는 그 말을 듣고 처음에는 '내가 요즘 칭찬을 안 했나?' 싶었습니다. 하지만 아무리 생각해봐도, 빈도는 조금 줄었을지언정 칭찬이 꼭 필요한 순간에는 어김없이 칭찬을 했고, 회장의 노고에 고마운 마음이 들 땐 잊지 않고 고맙다는 말도 했던 것 같았습니다. 표현을 너무 안 했다기에는 이미 꽤 많은 표현을 했다는 생각이 들면서, 오히려 3월에 제가 건넸던 칭찬들이 너무 과했던 것은 아닌가 하는 반성이 들었습니다. 3월에 제가 원하는 행동을 하도록 하기 위해 회장에게 과도한 칭찬을 퍼부었던 건 아닌지, 그래서 어느새 칭찬에 중독된 회장이, 칭찬을 들으려고 하는 일들이 늘어난 것은 아닌지 생각하게 되었습니다.

칭찬을 들으면 누구나 기쁨을 느끼지만, 동시에 일종의 부담이 생기기도 합니다. 다음에도 상대방이 좋아하는 행동을 해야 할 것 같은 부담감입니다. 내가 하는 일이 옳거나 원해서 하는 것이 아니라, '선생님이 칭찬해주기 때문에' 하게 되는 것입니다. 물론 저는 긍정적인 행

저의 첫 학기를 빛내주었던 인 회장과의 한 컷.

동을 했을 때 칭찬을 했으니 결과적으로 좋은 행동이 반복되는 것이긴 하지만, 다른 사람의 기대에 맞추기 위해 노력하며 스트레스가 쌓이면 한 번에 폭발할 수 있으며, 선생님이 칭찬을 조금만 줄여도 아이가 발끈하게 되는 일이 생길지도 모를 일입니다.

선생님과 학생 사이의 바람직한 관계는 선생님이 하나하나 지시하고 칭찬을 하고, 학생은 칭찬에 목이 말라 원하는 행동만을 반복하는, 그런 관계는 아닐 것입니다. 자잘한 칭찬을 주고받는 관계보다 더 끈끈한 것은 서로 믿음을 주고받는 관계입니다. 선생님이 보기에 설령 학생의 어떤 행동이 잘 이해되지 않거나 내가 원하는 행동과 살짝 다르더라도, 그 아이 나름의 어떤 이유와 일을 처리하고자 하는 방식이 있음을 믿고 기다려주는 것이 바람직하지 않을까 합니다. 그렇게 해야만 선생님의 칭찬이라는 외부적 요소에 의해서 움직이지 않고, 스스로가 중요하고 필요하다고 생각하는 일을 할 수 있는 학생이 될 테니까요.

저는 이러한 저의 마음을 인 회장에게 전달하려고 노력했습니다. 칭찬을 많이 듣고 싶은 마음은 누구보다도 이해한다고, 선생님도 칭찬을 들을 때면 날아갈 듯한 기분이 들어 자꾸만 듣고 싶게 된다고 이야기했습니다. 하지만 계속해서 과도한 칭찬을 하는 것은 너와 나의 관계를 주종 관계로 만들 수 있으며, 그것은 스스로 생각하고 실천하는 힘을 기르지 못하게 할지도 모른다고, 우리는 주종 관계가 아닌 협력 관계가 되어야 한다고 강조했습니다. 더불어 하나하나에 대한 칭찬보다는 네가 알아서 잘 해낼 거라는 믿음을 주겠다고 약속했습니다. 칭찬은 적어질지 몰라도 협업자로서 선생님은 우리 반을 책임감 있게 스스로의 방식으로 이끌어나가는 인 회장에 대한 감사를 계속해서 전달하겠다고 말입니다.

실제로 그 이후에 저는 아이에게 행동에 대한 칭찬보다는 그 아이 자체에 대한 믿음을 많이 표현하고자 노력했습니다. 학급 내에 가벼운 갈등 상황이 있었을 때 적절한 방법이 무엇일지 인 회장에게 물어보았고, 그 아이의 의견이 설사 제 생각과 조금 다르더라도 스스로의 방식으로 갈등 상황을 해결할 수 있도록 시간을 주었습니다. 저는 직접 개입하지 않고 그를 통해서 진행 상황을 들었고, 네가 충분히 잘하고 있으며 이 문제를 해결할 수 있는 힘을 가지고 있음을 믿는다고 이야기해주었습니다. 그러자 학기 말로 갈수록 우리는 척 하면 척, 서로를 믿어 의심치 않는 최고의 파트너가 되었고, 행동에 대해 하나하나 칭찬하지 않아도 제가 가지고 있는 사랑과 믿음을 아이가 안정적으로 느낄 수 있는 관계를 형성할 수 있었습니다.

이러한 믿음의 관계가 견고하게 형성되기 위해서는 간혹 학생이 실수를 하거나 잘못했을 때도 여전히 믿음을 거두지 않는 것이 중요합니다. 조금 실수를 하더라도 "사람이면 누구나 실수할 수 있지, 그러면서 배우는 거야. 너는 충분히 수습할 수 있으니 걱정하지 마. 선생님이 할 수 있는 것은 도울게"라고 반응해주시면 그 학생은 자신이 신뢰받고 있다는 생각에 마음이 따뜻해질 것입니다. 평소 믿음을 주고 있던 학생이 반항적인 행동을 보일 때는 "너 내가 잘못 봤구나? 도대체 왜 그래?" 하고 면박을 주기보다는, "내가 아는 너는 아무런 이유 없이 이럴 아이가 아닌데, 오늘 무슨 일 있니?"라고 믿음을 보여주는 것이 관계를 더욱 끈끈하게 묶어주는 것입니다.

단, 제가 칭찬의 효과를 폄하하는 것은 아닙니다. 저 역시 칭찬을 습관처럼 많이 하는 편이고, 어떤 아이들에게는 즉각적인 칭찬만큼 효과적인 강화도 없다는 것을 체감합니다. 칭찬을 하면 아이들도 좋아할뿐더러 제 마음에 쏙 드는 행동들의 빈도가 늘어나기도 하기 때문에 칭찬이 습관적으로 튀어나오곤 합니다.

하지만 교사는 칭찬의 양과 질을 반성적으로 돌아볼 필요도 있습니다. 너무 과한 칭찬 폭격으로 아이가 자신을 잃어버리게 하고 있지는 않은지, 과정에 대한 고려 없이 눈에 보이는 결과만을 칭찬하고 있는 것은 아닌지, 아이 마음의 내면적 혼란을 무시하고 드러나는 행동만을 강화하고 있는 것은 아닌지 끊임없이 돌아보아야만 합니다. 아이들에게 필요한 것은 칭찬을 통해 곧바로 얻게 되는 행동의 강화가 아니라, 스스로 필요할 때 행동하고, 혼자서 뚜벅뚜벅 걸어갈 수 있는 힘이 있음을 존중해주는 믿음이라는 사실을, 우리는 잊지 말아야 할 것입니다.

4 중딩에게도 인생 철학이 있다

저는 아이들을 대할 때 항상 지키고자 하는 원칙이 있습니다. 아이들을 '진심으로' 존중하는 것입니다. 아이들은 비록 아직 어리고 미성숙하지만, 그건 저도 마찬가지일 것입니다. 갓 사회생활을 시작한 저에게도 아직 어린아이 같은 억지스러움이 있고, 저만의 사고방식에 갇혀 상황을 바라보는 미성숙한 면이 있습니다. 저뿐만이 아니라 사람이라면 다들 그렇습니다. 그저 그 단계를 이미 지나온 사람의 조언이 가끔 아이들에게 길잡이가 되어주긴 하지만, 그렇다고 해서 그 아이가 살아온 방식 자체가 잘못되었다거나 어리다는 이유만으로 삶을 어리석게 꾸려나간다고 할 수는 없습니다. 중학교 1학년, 열네 살짜리에게도 자기 스스로의 삶을 사는 인생 철학이 있습니다. 명시적으로 그것을 잘 설명할 수 있는 단계까지 가지 못했더라도, 삶에 대한 인식을 지닌 인간이라면 매 순간 자신의 원칙과 철학 속에서 중요한 것들을 지켜가며 살아갑니다.

하지만 학창 시절의 저는 많은 선생님이 학생들의 말을 무시한다고 느끼곤 했습니다. 네가 뭘 몰라서 그렇다, 더 크면 알게 된다며, 선생님의 말을 일단 믿고 따르라는 무책임한 말을 들어본 적도 있습니다.

대학에 진학할 과를 정할 때, 여러 선생님께서 사범대를 쓰는 것은 어리석은 짓이라며 경영대를 쓰라고 저에게 이야기하셨습니다. 저를 위하는 마음에서 하신 말씀이었겠지만, '어리석은 짓'이라고 폄하되기에는 저 스스로 치열한 고민을 거쳐 내렸던 결정이며, 제 삶을 가장 소중하게 생각하는 제가 나름의 원칙에 의해 내린 결론이었습니다. 사람마다 중요시하는 것이 다르고 삶의 원칙이 다르기 때문에, 선생님의 말을 일단 믿고 따르라는 말은 어찌 보면 책임질 수 없는 말이 아닌가 하는 생각이 듭니다. 선생님이 아니라 부모님조차도 아이의 인생에 대해 강요할 수는 없습니다. 그 삶이 가장 소중한 것은 그 사람 자신일 테니까 말입니다.

그때 제가 선생님의 말을 듣고 진로를 결정했다면 지금의 저는 없었을 것입니다. 대단한 업적을 이뤄낸 것은 아니지만, 이렇게 교사가 되어 아이들과 함께 아옹다옹하며 행복을 느끼지 못했을 것이고, 이렇게 여러 선생님께 제 경험을 공유할 기회도 얻지 못했을 것입니다.

만약 지금 제가 그때의 선택을 후회하고 있다고 해도 달라지는 것은 없습니다. 남의 말이 아닌 제 뜻에 따라 선택한 것에 대한 후회는 그 자체로 의미가 있기 때문입니다. 자신의 결정에 대해서 책임을 질 수 있는 기회가 생긴 것이고, 이것은 인생을 살아가며 마주할 숱한 실패에 대한 마음의 준비가 되어주기 때문입니다.

이런 생각으로, 저는 아이들의 삶의 철학을 진심으로 존중해주고자 노력합니다. 아이들은 저보다 어리기 때문에 경험의 양 자체는 적을지 모릅니다. 하지만 경험의 절대적인 양 자체가 적다고 해서 그 아이의 인생 철학이 빈곤한 것은 아닙니다. 그 아이가 10년이 넘는 세월 동안 살아온 인생의 궤적들이 그 아이의 생각을 만드는 것이기에, 어떤 부분에서는 그 아이가 어른들보다도 더 구체화된 철학을 가지고 있을지도 모릅니다.

가령 어렸을 때 부모 간의 불화를 겪어보지 않은 교사와 수년간 부모님의 불화 속에서 자란 아이가 대화를 한다고 생각해봅시다. 그 아이는 자신에게 가장 중요한 것이 돈이라고 말합니다. 아빠의 폭언과 폭행에도 엄마가 돈이 없어서 아빠와 이혼하지 못하는 것을 보았고, 자신은 무슨 일이 있어도 돈을 많이 벌어서 엄마를 해방시켜주고 자신도 혼자서 잘 살아갈 수 있어야 한다고 생각하기 때문입니다. 그래서 그 학생은 꽤 좋은 성적임에도 불구하고 특성화고를 가서 바로 취업을 하겠다고 합니다. 중학교 3학년이 되어 아르바이트를 할 수 있는 나이가 되자, 바로 공부를 제쳐두고 아르바이트에 매달립니다. 그런 아이에게 교사는 지금 당장 돈을 버는 것은 중요하지 않다고, 일반 고등학교에 진학해서 대학을 가고 더 좋은 직장에 취업하면 당분간은 힘들어도 그 후에 더 많은 수입을 얻을 수 있다고 조언할 것입니다. 대학에서 좋은 추억을 쌓는 것도 중요하다고 다그칠 수도 있습니다. 일리가 없는 말은 아닙니다. 학생을 위하는 보편적인 관점에서는 그런 조언을 할 수 있습니다.

하지만 중요한 것은 그 아이가 '잘못' 생각하고 있는 거라고, '어리석은' 생각이라고 무시할 자격은 누구에게도 없다는 것입니다. 아이는 자신이 살아온 환경 속에서는 그렇게 생각할 수밖에 없었던 것입니다. 실제로 지금 당장 돈 몇 푼을 버는 것이 그 아이의 불행을 걷어내는 데 심리적으로 더 큰 힘이 되어줄 수도 있습니다. 그러므로 그 아이의 의지와 실천을 무시해서는 안 됩니다. 그리고 이것이 아이와 대화를 나누는 기본 자세라고 생각합니다.

다시 말하면 교사는 자신의 오만을 버려야 합니다. 내가 이 아이보다 나이도 많고, 모든 면에 대해 더 많이 생각해보았고, 그래서 더 잘 알 것이기 때문에 이 아이의 생각을 반드시 바꾸어야 한다는 고집을 버려야 합니다. 아이가 가장 중요하게 여기는 게 무엇인지, 그렇게 생각하게 된 이유가 무엇인지, 그것이 진짜 아이가 원하는 것인지 물어보는 정도면 충분합니다.

선생님이 아이에게 다른 길을 제안하고 보여줄 수는 있습니다. 하지만 그렇게 하지 않으면 후회할 거라고 으름장을 놓거나 강하게 밀어붙이면 안 됩니다. 아이가 범법행위나 폭력을 저지르지 않는 이상, 아이를 존중해주어야 합니다. 내가 생각하기에 올바른 길이 모든 아이들에게 꼭 맞는 길이 될 수는 없는 노릇입니다. 각자가 살아온 삶의 궤적과 인생 철학에 맞게 그 길은 바뀌어야만 합니다. 아이의 생각을 최대한 존중하면서 조금 더 좋은 방향으로 스스로 길을 꾸려나갈 수 있도록 도와주는 정도가 교사가 할 수 있는 일이라고 생각합니다.

아이들도 이렇게 진심으로 존중받고 자신의 생각을 인정받으면, 선생님이나 주변 사람들이 제시하는 길을 스스로 차분히 들여다보게 됩니다. 하지만 남들이 어떤 길을 강요하거나 자신의 생각을 어리석은 것으로 폄하하면 오히려 괜한 반감이 생겨 반대 방향으로 도망쳐버릴 확률이 높아집니다. 따라서 교사는 마음 깊은 곳의 오만을 버리고 아이의 결심과 행동을 존중하는 모습을 보여야 할 것입니다.

분명 아이들의 결정이 미성숙하고 막무가내인 것처럼 보이는 순간이 있습니다. 그럴 때 필요한 것은 '질문하기'입니다. 윽박지르고 꾸짖는 것보다는 그저 아이가 제시한 의견을 스스로 의심해볼 수 있도록 좋은 질문을 던지는 것이 필요합니다. 마음이 가는 대로 결정했다면, 그 결정이 실행되었을 때 정말 원하는 결과를 얻을 수 있는지 생각해보게 하면 됩니다.

일본이 좋아서 고등학교를 가지 않고 일본어 공부를 해서 바로 일본으로 취직을 하겠다는 아이가 있었습니다. 저는 아이의 이런 결정을 마음으로 존중하려고 노력했습니다. 보편적인 길은 아니지만, 그 아이가 그렇게 생각하게 된 의식의 흐름을 이해하기 때문입니다. 저는 이 친구에게 고등학교를 다닐 때와 다니지 않을 때 공부량이 크게 다를 것 같냐고 물어보았습니다. 따지듯이 묻는 게 아니라 진짜 아이의 생각을 묻는다는 마음으로 접근했습니다. 이와 더불어 일본에서 취직하여 평생 사는 것의 장단점을 잘 파악하고 결정한 것이냐는 물음도 함께 건넸습니다. 선생님도 가보지 않은 길이고, 일본에 대해 잘 알지 못해서 쉽게 조언해주기는 어렵지만 이런저런 사전 조사가 필요하다는 것도 얘기해주었습니다. 어떤 결정을 하든 너의 결정이기 때문에 존중하지만, 보편적으로 가는 길이 아닌 만큼 충분한 고민과 현실적 여건들이 잘 고려되어야 한다고 알려주었습니다. 잘 모르고 내린 결정은 후회하기 쉬우니 스스로 장단점을 찾아보고 선생님에게 알려달라고 말하니, 아이도 수긍하는 모습이었습니다.

이렇게 하면 아이들은 스스로에게 질문을 던지게 됩니다. 진짜 내가 충분히 고민해본 것일까? 장단점은 무엇일까? 하며 스스로 찾아보게 됩니다. 그렇게 검증 과정을 거쳐도 마음이 바뀌지 않는다면 그만큼 아이가 강력하게 원하고 있는 것이기 때문에 굳이 꺾지 않는 것이 좋습니다. 꺾을 필요가 없습니다. 선생님이라고 해서 그 결심을 꺾을 자격은 없습니다. 그 아이에게도 자기만의 인생 철학이 있기 때문입니다.

저는 초보 교사로서 이런 마음을 잃지 않으려고 노력할 것입니다. 단순히 아직 아이들과 나이 차가 크지 않기 때문에 이해하고 존중해주는 것이 아니었으면 좋겠습니다. 더 나이가 들어서도 내 생각만이 맞다고 고집하지 않고, 아이라서 뭘 모른다고 무시하지 않고, 진심으로 아이들의 마음을 존중하며 학생들이 스스로의 삶을 살아갈 수 있도록 돕는 교사가 되고 싶습니다.

졸업식, 열심히 믿어주고 사랑해준 것에 대한 아이들의 보답.

5 언니라고 불러도 돼요?

저는 스물네 살이라는 어린 나이에 교직 생활을 시작했고, 그해에 열여섯 살인 중학교 3학년 아이들을 가르쳤습니다. 그러니 교직 첫해, 저와 아이들의 나이 차이는 고작 여덟 살이었습니다. 나이 차이가 많이 나는 형제자매들이 있는 아이들에게는 선생님인 제가 정말로 그들의 누나나 언니 또래였습니다.

처음에 저는 선생님으로서 제 나이가 콤플렉스였고, 나이를 밝히는 것이 꺼려졌습니다. 나이가 어리다는 것을 이유로 아이들이 무시하거나 얕보지 않을까 하는 두려움이 있었기 때문입니다. 그래서 저는 몇 살이냐고 묻는 아이들의 질문에 "선생님은 언제나 스무 살이지~"라는 대답으로 은근슬쩍 넘어가곤 했습니다. 스물네 살인 것을 들키면 제가 경력이 없다는 것도 드러나게 되고, 아이들도 지나치게 편하게 대할까 봐 걱정스러웠기 때문입니다.

재미있는 것은 제가 선생님이 되기 직전 해인 2017년에 《언니라고 불러도 돼요》라는 책을 세상에 내놓았다는 것입니다. 이 책은 제가 엄청난 애정을 쏟아낸 책입니다. 대단한 성공을 한 사람으로서 무용담을 늘어놓는 책이 아니라, 동네 '언니'처럼 현실적이고 진심 어린 조언을 건네며 학창 시절의 다양한 이야기를 풀어놓은 책입니다. 이 책에 '언니라고 불러도 돼요'라는 제목을 붙인 것은, 아이들이 저를 최대한 친근하고 편안하게 생각해야 제 조언도 잘 받아들일 수 있을 것이라고 믿었기 때문입니다. 그런데 선생님이 된 저는 어느새 아이들이 저를 언니처럼 편안하게 생각하지는 않을까 조바심을 내고 있었던 것입니다.

하지만 책을 쓸 때의 아이들에게 도움이 되고자 하는 마음과 선생님이 되고 나서 아이들에게 도움이 되고자 하는 마음은 하나였습니다. 선생님이 되고 나서 다시 한번 책을 펼쳐본 저는 이런 생각을 했습니다.

'아이들에게 언니 같은 선생님이 되는 것도 나쁘지 않겠다!'

아이들에게는 자신의 말을 잘 이해해주는, 믿고 의지할 수 있는 대상이 필요합니다. 내가 처한 상황을 잘 이해해주면서도, 내가 했던 경험들을 미리 겪어본 적이 있어서 현실적인 조언을 건네줄 수 있는 사람이 있기를 바랍니다. 손위 형제가 있다면 다행이지만, 그렇지 못한 경우엔 진지한 고민을 풀어낼 상대가 없습니다. 친구들에게 털어놓자니 좀 쑥스럽고, 선생님들께 얘기하자니 자신의 상황을 잘 이해해주지 못할 것 같아 망설여질 것입니다. 이런 아이들에게는 언니나 형 같은 새내기 선생님이 제격입니다.

이런 상황에서 저는 제 나이가 콤플렉스가 아닌 장점이 될 수 있다고 생각하기 시작했습니다. 경험과 연륜이 풍부하신 선생님들처럼 따뜻하고 너그러운 마음으로 아이들을 품어주기엔 부족할 수 있지만, 아이들의 시선을 공유하며 소통할 수 있는 '언니 같은' 선생님이 될 수는 있다고 생각했습니다. 고민이 생기면 상의하고 싶고, 솔직하게 자신의 생각을 털어놓을 수 있는 대상이 되어 아이들에게 좋은 메시지를 전해주자고 마음먹었습니다.

이에 따라 저는 아이들의 대화 소재를 유심히 관찰하고, 해당 소재에 맞게 대화를 나눠보았습니다. 본격적으로 수업을 시작하기 전 아이들과 '가장 맛있는 치킨 브랜드'에 대해 짧지만 열띤 토론을 해보기도 하고, 좋아하는 아이돌 얘기를 하는 아이들을 보며 '빅뱅 덕후'였던 제 중학교 시절 이야기를 들려주기도 했습니다. 연애로 골머리를 앓고 있는 아이들에게 슬쩍 다가가 학창 시절의 제 연애사를 이야기해주며 너만 그런 게 아니라고 토닥여주있습니다.

대화를 하는 방식도 선생님이라기보다는 언니에 가까웠습니다. 내가 너를 가르치려 한다는 느낌보다는 너와 이야기하고 싶다는 느낌을 주려 했고, 과도하게 해결방법을 제시하거나 도덕적으로 높은 잣대를 들이대지 않고 일단 들어주려고 노력했습니다. 뻔한 정답만을 전하지도 않았고, 진짜 동생에게 건넬 수 있을 만한 현실적인 이야기를 전달해주었습니다. 아이들의 이야기를 유치한 중딩의 헛소리로 치부하지 않고 귀 기울여 들으려 노력했기 때문에 아이들과의 대화를 지속할 수 있었습니다.

이렇게 가까워지다 보니, 아이들이 제가 쓴 《언니라고 불러도 돼요》라는 책을 발견하게 되었습니다. 포털사이트에 제 이름을 치면 바로 책이 검색되니까요.

책을 발견한 아이들은 신기한 기색을 감추지 않았습니다. 책을 쓰고 출간한 사람이 많지 않기 때문에 생소하게 생각했고, 얼른 책을 읽어보고 싶다고도 했습니다. 몇몇 아이들은 책을 사서 가지고 다니며 제 옛날 사진을 들이밀며 놀리곤 했습니다. 책의 제목이 《언니라고 불러도 돼요》이기에 아이들은 저에게 "쌤, 진짜 언니라고 불러도 돼요?"라며 너스레를 떨기도 했습니다. 그러면 저는 항상 무서운 표정으로 대답했습니다.

"한번 선생님은 영원한 선생님이야, 언니라고 부르기만 해봐?"

아무리 언니같이 편안한 선생님이 되어주기로 마음을 먹었다고 해도, 아이들이 '언니 같은 선생님'으로 느껴야지 '선생님 같은 언니'라고 생각해서는 안 된다고 생각했기 때문입니다. 선생님이 된 이상, 아이들과 언니 동생처럼 너무 허물없이 지내면 위계가 무너지고 선을 넘게 되는 경우가 생길 수 있으니, 그것을 방지하기 위해서였습니다. 아이들과 적정 거리를 유지하고, 선생님과 제자 사이에서 꼭 지켜야 하는 것들을 아이들에게 인식시켜주는 과정이 반드시 필요합니다.

　신규 선생님들이 아이들에게 친근하게 다가가려다 보면 간혹 '만만해져버리기' 쉽습니다. 가끔 아이들이 선을 넘으려 하기도 하고, 반말을 하려 한다거나 터치를 하려고 하는 경우도 있습니다. 그럴 때는 정색하고 선생님은 친구같이 편안하게 너희를 대해주고 있지만 여전히 선생님이고, 너희들은 선생님에게 예의를 지켜야 한다는 인식을 전달해야 합니다. 선생님 앞에서 나쁜 말을 하거나 반말을 하는 등 예의에 어긋난 행동에 대해서는 누구보다도 냉정하고 단호하게, 그것이 잘못된 것임을 일러줄 필요가 있습니다. 이렇게 하면 아이들은 최소한의 거리를 지킨 상태에서 선생님을 언니나 누나와 같이 편안하게 자신의 고민을 이야기할 수 있는 대상으로 인식할 수 있습니다.

　원로 선생님들은 새내기 선생님들께 "나이가 무기다"라는 말을 자주 하시곤 합니다. 일단 어리면 아이들과 공감대를 형성하기도 쉽고, 아이들도 친근하게 느껴서 관계를 형성하는 것이 훨씬 수월하다는 것입니다. 제가 생각해도 그렇습니다. 일단 아이들은 선생님이 젊다는 이유만으로 더 귀 기울여 이야기를 듣고 더 가까워지고자 노력합니다. 그러므로 새내기 선생님들이 언니와 오빠같이 친근하면서도 스승님으로 존경하고 따를 수 있는 존재가 된다면, 고민도 걱정도 많은 우리 아이들에게 더없이 큰 힘이 되어줄 것이라고 믿어 의심치 않습니다.

아이들과 때로는 친구처럼, 언니처럼. 저를 찾아보세요.

6 쌤, 저 남친이랑 헤어졌어요

언니 같은 선생님이 되어야겠다고 결심하고 아이들에게 가까이 다가가게 된 이후로 저는 아이들의 고민 상담소가 되었습니다. 하루는 쉬는 시간에 한 아이가 쿡 찌르면 눈물이 터져 나올 듯한 얼굴로 찾아왔습니다. "선생님, 저 남친이랑 헤어졌어요"라고 힘겹게 첫 문장을 뗀 그 아이는 이내 눈물을 펑펑 흘리고 맙니다.

아이들에게 이성친구와의 결별은 겪어본 적 없는 큰 시련입니다. 학교에 있는 내내 티도 내지 못하고 끙끙 앓아왔던 것인지, 그제야 목 놓아 펑펑 우는 아이를 한참이나 달래주었습니다. 조금 진정이 되고 난 뒤 아이의 얘기를 들어보니 구구절절 사연이 구슬프더군요. 공감을 해주기도 하고 함께 욕을 해주기도 하며 한참 동안 대화를 나눴습니다.

나중에 아이에게 왜 친구들에게 이야기하지 않고 저를 찾아왔느냐고 물었습니다. 아이는 왠지 친구들한테 얘기하기는 창피하기도 하고, 선생님이 그래도 자기 친구들보다는 연애를 더 많이 해보았을 것 같아서 조언을 얻고 싶다고 합니다(실제로는 중학생들이 저보다 더 연애를 많이 합니다 ^^).

저에게 찾아와서 이렇게 연애사까지 이야기하는 아이들을 볼 때면 아이들과 제가 정서적으로 가까이에 있다는 생각이 듭니다. 그래도 저에게 자신의 솔직한 감정을 드러내준다는 것, 그리고 자신의 어려움을 헤쳐나가기 위한 조언을 구할 만큼 저를 믿어준다는 것이 참 감사한 일이라고 느꼈습니다.

요즘 아이들에게 연애는 인간관계에 대해 배울 수 있는 꽤나 좋은 기회라는 생각이 듭니다. 이별을 하는 과정, 그리고 누군가와의 만남을 시작하는 과정을 거치며 아이들은 부쩍 성숙해집니다. "걔 마음이 그렇다는데 어쩌겠어요"라든가, "제가 좋아하는 마음만으로 안 되는 것도 있더라구요"라는 말들이 아이들의 입에서 나올 때면 흠칫 놀라기도 합니다.

연애를 통해 우리는 상대의 마음은 나의 행동이나 마음과는 분리된 독립적인 것임을 인식하게 되지요. 이런 경험은 독립심을 촉진시키면서 자아의 확립을 돕기도 합니다. 연인 간의 갈등을 겪어내며 내가 중요시하는 것과 상대가 중요시하는 것이 다를 수 있다는 것을 이해하고, 자신이 어떤 사람인지에 대한 인식도 확립할 수 있게 되는 것입니다. 저는 아이들의 말을 들으며 청소년기의 연애를 터부시하기에는 긍정적인 효과 또한 많다는 생각을 했습니다. 감정적으로 혹은 사회적으로 성숙할 수 있는 기회가 되어주기 때문입니다.

하지만 청소년기의 연애는 분명 어른들의 연애보다 조금 더 불안하고 도움이 필요하다는 생각입니다. 어떤 것이 옳고 그른 것인지, 서로의 요구를 어느 정도까지 받아들일 수 있는지, 보통의 연인은 어느 수준까지 서로에게 맞춰주는지 등에 대한 기준과 감각이 없기 때문에, 이성친구의 과도한 요구를 들어주거나 상대의 폭력을 사랑의 일부로 인식하는 등 비정상적인 연애에 노출될 수도 있기 때문입니다. 가족이 아닌 대상과 처음으로 깊은 애착을 형성하려고 시도하는 이 과정에서 어떤 아이들은 과하게 연애에 의존하게 되어 우울감에 시달리고, 불안함에 경도되어 학업을 놓아버리는 경우도 많습니다.

저에게 찾아온 아이는 남자친구가 자신에게 너무 무리한 요구를 하는 것이 힘들었고, 그래서 이별을 말했다고 했습니다. 남자친구가 자신이 아닌 다른 친구들과는 놀지도 못하게 하고, 모든 이성 친구의 연락처를 삭제하라고 강요했다는 것입니다. 그런 일들이 지속되자 견디기가 힘들어 이별을 고했는데, '너무 좋아해서 그랬다'는 그 아이의 말에 마음이 흔들리고 슬프더라고, 다시 사귀어야 될 것 같다고 저에게 털어놓았습니다. 연애의 표본이 부족한 아이들에게 상대의 행동은 사랑이라는 면죄부 아래 모두 이해될 수 있는 행동이 되고, 때로는 이렇게 집착과 건강한 사랑을 구분해내기 힘든 상황에 놓이게 되는 것입니다.

이런 문제에 대해서 교사와 이야기할 수 있는 기회가 아이들에게 열려 있다는 것은 정말 다행스러운 일입니다. 그래도 조금 더 많이 자신 혹은 주변의 연애를 지켜보아왔고, 인간관계의 고저를 더 많이 겪어본 선생님의 이야기는 또래 친구들이 할 수 있는 조언과는 질적으로 다르기 때문입니다. 저도 연애의 고수는 못 되지만, 몇 년 더 많이 경험해본 사람으로서 아이에게 도움이 될 만한 조언을 주었습니다.

먼저 사랑을 하는 마음과 집착하는 행동을 보이는 것은 별개의 것이라는 사실을 알려주었습니다. 건강한 사랑은 서로에 대한 존중이 바탕이 되어야 하고, 만일 상대로 인해 구속받는 것 같고 답답한 느낌이 든다면 그것은 상대가 고쳐야 하는 것이지, 혼자서 그 답답함을 견뎌서는 안 된다고 이야기해주었습니다. 서로 믿음을 가지고 서로가 더 행복할 수 있게 도와주는 것이 건강한 연애이며, 실제로 그런 연애를 하는 사람들이 주변에 있다는 것을 알려주자, 아이는 자신의 결정이 잘못되지 않았다는 안도감을 느끼는 것 같았습니다.

이렇게 아이들의 연애를 터부시하지 않고 솔직하게 이야기를 나누는 것이 젊은 교사들에게 주어진 역할이라는 생각도 듭니다. 조금 유치한 면이 있기는 해도 본질적으로는 어른들의 연애와 크게 다를 바 없는, 사랑을 둘러싼 갈등에 대한 이야기들을 잘 들어주고, 바람직하게 해결할 수 있도록 도와주는 것이 중요합니다.

물론 그러기 위해서는 선생님에게 나의 속마음을 털어놓거나 내 부끄러운 연애사를 늘어놓아도 잘 들어주고 비밀을 지켜줄 것이라는 믿음을 주어야 하겠지요. 아이들이 사랑 고민을 털어놓으면 "어린 시절의 연애는 나중에 연애로 치지도 않는다"라며 비웃거나 외면하지 않고, 나름의 방식으로 치열하게 인간관계와 감정에 대해 탐구하고 있는 꼬마 철학자라고 생각하며 함께 대화를 나누면 어떨까요? 아이들 입에서 생각보다 엄청난 명언들이 쏟아져나오는 것을 보실 수 있을 겁니다.

7 아이들은 모두 관심이 필요할 뿐

우리 학교에는 많은 아이들과 선생님들이 행복을 얻어가는 공간이 있습니다. 바로 상담 선생님이 계신 '위클래스 상담실'입니다. 다른 학교의 이야기를 들어보면 찬바람만 쌩쌩 부는 상담실도 있다는데, 우리학교의 상담실은 항상 문전성시입니다. 저 역시 마음의 위로와 편안한 행복이 필요할 때 상담실의 문을 두드리곤 합니다.

우리 학교 상담실이 이렇게 흥할 수 있던 이유는 단연코 상담 선생님이 주시는 '관심' 때문이라는 생각이 듭니다. 상담 선생님은 상담실에 오는 아이들의 작은 변화도 잘 발견하십니다. 누군가 문을 열고 들어오면 상담 선생님은 바로 "어, 영주 머리 색깔이 바뀌었네? 파격적인데?" 혹은 "현빈이가 오늘 얼굴빛이 안 좋은데? 잠을 잘 못잤어?"와 같은 말씀을 해주십니다.

선생님들에게도 마찬가지입니다. 학생 지도에 대한 조언을 얻으러 상담실에 들어가면 "하은 쌤, 오늘 옷 너무 잘 어울리는데요? 새로 샀어요?"라거나 "표정이 왜 그래요, 누가 또 속을 썩여요?"와 같은 말로 반갑게 맞아주십니다. 이렇게 자신의 작은 변화도 알아차리고, 관심 있게 지켜봐주는 사람에게는 위안을 받게 되지요. 이런 자상한 관심 덕에 상담 선생님은 쉴 틈이 없을 만큼 바쁘십니다.

아이들은, 아니 사람들은 모두 '관심 종자'입니다. 관심을 받기 위해서 몸부림치는 사람을 요즘에는 '관종'이라는 말로 표현하곤 하는데, 정도의 차이가 다소 있을 뿐 사람이라면 모두가 타인의 관심을 바란다고 생각합니다. 그리고 선생님이 되어 학교에서 생활하면서 이런 확신은 점점 커졌습니다.

아이들은 자신에게 관심을 주는 사람들을 아주 좋아하고 따릅니다. 관심을 받은 아이들은 자신의 존재감을 확인받는 느낌을 받고, 이런 느낌을 주는 선생님들에게 더 잘 보이기 위해 노력합니다. 따라서 작은 관심을 표현해주는 일은 아이들과의 관계를 형성하는 데 매우 큰 역할을 합니다.

상담 선생님의 모습에서 영감을 받은 저는 학생들에게 '관심 주기'를 실천해보았습니다. 수업 시간에 출석을 부르며 아이들의 미리 모양의 변화를 칭찬해주고, 어딘지 피곤하거나 안색이 좋지 않은 학생이 있으면 무슨 일이 있느냐고 물어보았습니다. 오늘따라 신이 나서 많이 웃는 아이에게는 연애하는 거 아니냐고 찔러보기도 하고, 멋내기용 안경을 쓰고 온 아이에게 안경이 잘 어울린다고 칭찬해주기도 했습니다. 복도에서 아이들을 마주칠 때면 "오늘 기분이 좋아 보이는데?"라거나 "오늘 옷차림이 매우 단정한데?" 하는 말을 던졌습니다. 큰 힘이 드는 일이 아니었지만, 아이들의 반응은 아주 좋았습니다. 출석을 부르며 한마디씩 던졌던 아이들은 어쩐지 수업을 더 열심히 듣는 듯했고, 생전 그러지 않던 아이들이 다가와 먼저 말을 걸거나 간식을 나누어주려고 했습니다. 관심의 표현이 가져온 힘이었습니다.

그런데 '관심 주기'를 자칫 잘못하게 되면 다른 아이들이 소외감을 느낄 수도 있습니다. 수업을 하거나 학급을 운영하다 보면 아무래도 눈에 띄거나 시끄러운 아이에게 더 많은 관심을 줄 수밖에 없기 때문입니다. 눈에 띄는 그 아이를 저지시켜야만 수업이 진행되기 때문에 한 마디라도 더 하게 되고, 차분히 수업에 집중하고 있는 아이들에게는 오히려 관심을 주지 못하는 경우가 많습니다. 그러면 관심을 받지 못하는 아이들은 알게 모르게 소외감을 느끼게 되고, 수업에 소극적으로 참여하게 되는 것이지요.

그래서 저는 더욱 의식적으로, 최대한 공평하게 아이들에게 말을 걸려고 노력했습니다. 눈에 띄는 행동을 거듭하는 아이에게는 오히려 무관심을 보이고, 수업에 집중하는 아이들에게 더 자주 관심을 표현하려고 했습니다. 다른 선생님들은 차마 관심을 줄 여력이 없었을 아이들의 변화를 알아차리고 표현하니, 아이들은 받아본 적 없는 관심에 행복을 느끼고 수업에 더욱 열심히 참여하곤 했습니다.

더불어 학급 전체에게도 관심을 가지고 있음을 자주 표현하려 했습니다. 학교에서 반별 리그전을 하고 있으면, 우리 반을 찾아가서 응원하기도 하고, 다른 반 아이들에게는 소식을 물어보았습니다. 수업이 시작되기 전에 "우리 반이랑 너희 반이랑 붙어서 너희가 이겼다며? 오늘 5분 연장 수업한다!"라고 너스레를 떨거나, "3반이랑 너희 반이랑 배구 경기를 했다며? 누가 이겼어?" 하고 물으며 관심을 가지고 지켜본다는 것을 알려주려고 했습니다. 또 왠지 반 전체 분위기가 축 처져 있는 것 같으면 "오늘 무슨 일 있었니?" 하고 물어보기도 했습니다. 실제로 한 반은 담임 선생님과 크게 갈등이 있어서 분위기가 축 늘어져 있었는데, 아이들의 억울함을 들어주고 담임 선생님의 마음은 이랬을 것이라고 다독여주었습니다. 그랬더니 아이들은 조금 위로를 받은 듯했고, 다시 수업 분위기도 살아나게 되었습니다.

수업에 시큰둥한 아이가 있다면, 조종례 시간에도 선생님의 말을 듣는 둥 마는 둥 무기력해 보이는 아이가 있다면, 오늘부터 작은 변화를 알아차리고 표현해주시기 바랍니다. 부담스럽지 않을 정도로 가볍게 한 마디 툭 건네는 것, 그것이 아이에게 마법 같은 효력을 일으켜 협조적인 자세를 가지게 할 수도 있으니까요!

8 '라떼는 말이야'로 통通하다

요즘 인터넷에는 "라떼는 말이야~"라는 말이 유행처럼 번지고 있습니다. 자신보다 나이가 많은 사람이 "나 때는 말이야"라는 말로 자신의 경험에 비추어 조언이나 충고를 시작하는 것을 재미있게 표현한 것입니다.

사실 좋은 의미로 사용되는 것은 아닙니다. 나이가 많은 사람들이 젊은 세대의 고충을 이해하지 못하면서 시대를 따라가지 못하고 '구닥다리' 조언을 한다는 뉘앙스를 담고 있기 때문입니다. 우리 아이들 역시 이 말을 잘 알고 있습니다.

빠르게 변하는 현대 사회에서 학생들과 선생님 사이에 세대 차이가 나지 않는 것은 사실상 불가능하지 않을까 싶습니다. 아직 교직에 들어선 지 얼마 되지 않아서 아이들과 열 살 남짓 나이 차이가 나는 저도, 아이들과 공유하기 어려운 것들이 참 많다는 생각이 듭니다. 제가 학생이었을 때는 절대 허용되지 않던 것들이 자연스럽게 허용되기도 하고, 예의가 바르다는 것의 기준이나 멋있고 아름다운 것의 기준 등도 너무나 달라졌습니다. 그렇다 보니 저희 세대와는 너무 다른 아이들의 모습을 마주할 때면 저도 모르게 가끔씩 '라떼는 말이야'가 튀어나오기도 한답니다.

그런데 이 '라떼는 말이야'는 잘 사용하면 재미있는 이야깃거리의 시작점이 됩니다. 지금의 아이들이 잘못되었다는 것을 지적하기 위해 꺼내는 것이 아니라, 학창 시절에 선생님이 경험했던 것이나 대학 시절에 경험한 것, 그리고 살아가면서 있었던 크고작은 사건들을 이야기해줄 때 꺼내면 아이들은 매우 좋아합니다. "선생님이 어렸을 때 말이야", "선생님이 대학에 다닐 때 말이야" 하며 이야기를 시작하면 아이들은 딴짓을 하다가도 눈을 반짝이며 선생님을 쳐다봅니다. 경험해보지 못한 것에 대한 호기심과 자신이 미래에 겪을 일들을 간접적으로나마 미리 들어보고 싶은 마음을 가지고 있기 때문입니다. 이 '라떼는 말이야'를 통해 아이들은 세상을 미리 경험해보기도 하고 나름의 깨달음을 얻어가기도 합니다.

저희 학교에는 이야기를 아주 맛깔나게 하는 역사 선생님이 계십니다. 선생님은 틈틈이 아이들에게 재미있는 '라떼는 말이야'를 들려주기로 유명하십니다.

이 선생님의 삶에는 많은 우여곡절이 있었습니다. 수능을 네 번, 임용고사를 다섯 번 보셨습니다. 어렵게 공부를 해서 명문대학교에 진학했지만, 군대에 가서 자신이 원하는 분야가 아니라는 것을 깨닫고 다시 수능을 보아서 사범대로 진학하셨다고 합니다. 그렇게 자신이 원하는 사범대학교에 진학했지만, 임용고사에서 번번이 실패하게 되었고, 네 번째 시험에서는 단 0.01점의 차이로 다시 한번 고배를 마셔야만 했습니다. 하지만 그 후에 온 전력을 다해서 마지막 시험을 쳤고, 좋은 점수로 당당히 합격하셨다고 합니다.

선생님은 이 이야기를 전하시며 자신이 시험을 여러 번 보며 느꼈던 것은 시험을 잘 볼 수 있는 공부는 따로 있다는 것, 즉 어느 누구에게나 내세울 수 있을 만큼 전력을 다하면 붙게 된다는 것을 강조하십니다. 돌이켜보면 실패했던 시험에서는 최선을 다하지 못했었다는 것을 솔직히 이야기하면서 말이죠. 또 연이은 실패에도 마음을 다잡고 끝까지 해낼 수 있었던 마음가짐과 전력을 다하는 공부 방식에 대해서도 구체적으로 설명해주셨습니다.

아이들에게 선생님의 이런 이야기는 혼을 쏙 빼놓을 만큼 재미가 있는 듯했습니다. 역사 수업을 듣고 온 우리 반 아이들은 교실에 돌아와 삼삼오오 모여 선생님의 이야기를 다시 나누었고, 학부모님들께도 가서 전했습니다. 아직 아이들은 인생의 큰 우여곡절을 경험해보지 못한 경우가 많아서, 이렇게 이야기를 전해 듣는 것만으로도 유의미한 간접 경험이자 자극이 됩니다. 앞으로 살아가면서 필연적으로 겪어야만 하는 크고 작은 실패를 만났을 때, 이 선생님의 이야기가 힘이 되어줄지도 모르는 일입니다. 그렇게 여러 번 실패하고도 결국 원하는 목표를 이루고 행복하게 사는 사람이 있다는 것을 아는 것만으로도 희망을 가질 수 있기 때문입니다. 또한 실패를 겪고도 끝까지 해낸 선생님에 대한 존경심을 가지게 될 것입니다. 그래서 역사 선생님의 '라떼는 말이야'는 아이들과 선생님 사이를 단단하게 묶어주는 힘을 지닌, 착한 말이 되어주었습니다.

이렇게 수업 시간이나 자투리 시간을 활용하여 들려주는 선생님의 이야기는 아이들에게 좋은 간접 경험의 원천이 되어줍니다. 저 역시 자투리 시간을 활용하여 아이들에게 저의 '라떼는 말이야'를 들려주곤 합니다.

사실 저는 중학교 때는 공부를 빼어나게 잘하지 못했습니다. 열심히 하려고 했으나 집중력이 부족했고 수학을 못해서 쩔쩔매곤 했습니다. 그래서 아이들의 나이와 같은 중학교 3학년 때 집중력을 키우기 위해 제가 했던 여러 가지 노력들을 알려주었고, 고등학교에 들어가서는 어떻게 시간을 들여 노력했는지를 구체적으로 알려주었습니다. 내내 엎드려서 공부를 할 생각이 추호도 없는 것처럼 보이는 아이들도 이럴 때 일어나서 눈을 반짝이며 경청합니다. 중학교 3학년 때부터 비로소 공부를 열심히 했다는 말에 '나도 할 수 있을지 몰라' 하는 마음을 품는 것 같기도 합니다. 그런 아이들과 눈을 맞추며 "너희도 지금부터 집중해서 공부하면 뭐든지 할 수 있어"라고 이야기하면, 아이들의 얼굴에

얼핏 스치는 희망의 빛을 볼 수 있습니다.

　이것 외에도 아이들이 좋아하는 이야기가 참 많습니다. 고등학교 3학년 때 좋아하는 사람이 있었던 이야기, 수능을 생각만큼 잘 보지 못해서 치킨을 먹다가 울며 뛰쳐나갔던 이야기, 집에서 불이 났던 이야기, 몇 달간 미국과 캐나다 배낭여행을 했던 이야기까지……. 아이들은 너무나 재미있게 들어줍니다. 그리고 이런 이야기를 통해 아이들은 선생님을 더 많이 이해하게 되고, 선생님과 더 가까워졌다는 느낌을 받게 됩니다.

　교과서의 내용에 충실하게 꽉 찬 수업을 하는 것도 중요하지만, 때때로 선생님이 직접 경험했던 일들을 들려주고 느꼈던 바를 공유하면 아이들과 더욱 쉽게 가까워질 수 있고, 또 역사와 사연을 지닌 한 인격

선생님이 다녔던 서울대학교를 탐방하는 아이들의 모습.

체로 선생님을 받아들이게 된다고 생각합니다.

우리 학교의 한 선생님께서는 수업과 지도 역시 '인간 대 인간의 만남'이라고 표현하시곤 합니다. 20년이 넘는 교직 생활을 통해 많은 지식과 경험을 가지고 있으면서도, 권위적이지 않고 아이들과 동등한 인격적인 만남을 중요시하십니다. 그리고 그 때문인지 늘 많은 아이들이 그 선생님을 따릅니다.

이런 '인간 대 인간의 만남'을 가장 쉽게 실천할 수 있는 방법이 바로 선생님의 '라떼는 말이야'라고 생각합니다. 교사는 지식을 전달하는 로봇이 아니라 살아오면서 겪어온 경험과 감정, 깨달음으로 이루어진 한 인격적인 존재임을 아이들 앞에서 보여주는 일, 그것이 아이들과 마음으로 가까워지는 일이라는 생각을 해봅니다.

동료 교사는 첩보군이자 지원군

　교사로서 행복하게 학교생활을 하는 데 가장 중요한 것 중 하나는 바로 동료 선생님들과의 교류입니다. 제가 근무하는 학교는 아이들이 마냥 착하고 순한 곳이 아니었고, 우여곡절의 순간들도 꽤 많았기에 함께 근무하는 선생님들의 도움이 없었다면 저는 결코 이만큼 행복한 학교생활을 해나갈 수 없었을 거라고 생각합니다. 직장 내에서 개인주의자가 되는 것이 정답인 것처럼 여겨지는 요즘 세상에, 학교에서는 달라야 한다고 조심스럽게 주장하고 싶습니다.

　한 아이를 키우려면 온 마을이 필요하다는 말을 아시지요. 이 말은 아이를 키우는 데 있어 부모의 사랑 역시 중요하지만 아이가 살아가면서 만나는 모든 사람의 관심과 애정이 함께했을 때 아이가 온전히 잘

자라날 수 있다는 것을 의미하는 말입니다. 저는 학교에서 아이들을 만나며 이 말에 마음 깊이 공감하게 되었습니다. 한 아이를 많은 사람들이 다양한 상황에서 다양한 관점으로 지켜보고, 관심을 가져주고, 그것을 서로 공유하면 아이를 지도하는 일이 훨씬 더 수월해집니다. 선생님들이 너무나도 좋은 '첩보원'이 되어주시는 것입니다.

교과 수업 시간에 나를 힘들게 하는 아이가 있다면, 담임 선생님께 넌지시 이야기를 꺼내보는 것이 좋습니다. 수업 시간에 어려움을 겪는 것이 부끄럽다는 이유로 다른 선생님에게 이야기하지 않으면 혼자 그 문제에 갇혀 허둥대게 됩니다. 그 아이에게 혹여나 다른 사정이 있는 것은 아닌지 담임 선생님께 물어보십시오. 보통 문제를 일으키는 아이들은 교과 선생님들은 쉽게 알아차릴 수 없는 복잡한 사정을 가지고 있는 경우가 많습니다. 담임 선생님을 통해서 그런 이야기를 듣고 나면 교사는 아이의 행동을 더욱 이해할 수 있고, '그래서 아이가 그런 행동을 했구나' 하고 큰 위로를 얻어갈 수도 있습니다.

더불어 담임 선생님은 아이들과 더 많은 시간을 보내고 대화하기 때문에 각각의 아이에게 통하는 '공략법'을 조금 더 알고 계실 확률이 높습니다. 그 아이가 어떤 상황에서 화를 내는지, 어떻게 말했을 때 마음이 움직이는 것처럼 보이는지도 알려줄 수 있고, 요즘 그 아이의 관심사가 무엇인지에 대한 정보를 알려주실 수도 있습니다. 이런 귀중한 정보를 얻고 나면 아이를 잘 다룰 수 있을 것 같은 자신감도 높아지고, 실제로 관심사를 공략하여 더 수월하게 지도하는 경우도 많아집니다.

따라서 어떤 아이 때문에 고민스럽다면, 식사 시간을 활용해서라도 담임선생님과 가볍게 대화를 나눠보시기를 추천하고 싶습니다.

이렇게 동료 선생님들은 좋은 정보를 알려주는 믿을 만한 첩보원이기도 하지만, 묻지도 않고 따지지도 않고 속상한 마음을 공감해주고 도움을 주는 든든한 지원군이기도 합니다. 특정 반 혹은 특정 아이 때문에 속상할 때, 그 아이들을 가르치는 선생님에게 찾아가 고충을 털어놓으면 엄청난 위로를 받을 수 있습니다. 아이가 내 수업 시간에만 그런 것이 아니라는 것을 직접 확인하는 순간, 나 자신을 자책하던 마음이 조금 누그러지며 심리적 위안을 얻게 됩니다. 그리고 동료 선생님들의 공감과 위로를 통해 엄청난 동료애(혹은 전우애?)가 샘솟게 됩니다. 그렇게 서로의 아픈 경험을 공유하며 더욱 가깝고 끈끈해지면 그것은 교사들에게 학교생활의 어려움을 잘 버텨낼 수 있게 하는 힘이 되어줍니다.

또한 선생님들과의 교류를 통해 여러 선생님들을 우리 반을 함께 지도해주실 지원군으로 포섭할 수도 있습니다. 우리 반 아이가 다른 아이들과 어울리는 것을 힘들어하면, 교과 선생님들께 살짝 알려드리고 조별 활동을 할 때 참고해달라고 부탁드립니다. 학급 아이들 간에 큰 문제가 생겨서 분위기가 어수선할 땐 선생님들께 친구들 사이의 갈등과 해결에 대한 좋은 조언을 살짝 해주실 것을 부탁드릴 수도 있습니다. 또 아이들을 크게 혼낸 날, 부담임이신 체육 선생님께 우리 반 분위기가 축 처져 있을 테니 조금 다독이고 격려해달라고 부탁드릴 수도 있습니다. 그렇게 하면 선생님들은 제가 채워주지 못하는 역할을 함께 수행해주시고, 이것은 아이들에게 또 다른 좋은 성장의 원천이 될 수 있으니까요.

저는 첫 학교에서 정말 훌륭한 동료 선생님들을 만나 엄청난 위로와 지지를 받으며 생활을 하고 있습니다. 우리 반 아이 때문에 눈물지으며 하소연했다가도 다른 반의 훨씬 더 심각한 아이의 이야기를 전해들으며 허탈한 안도의 웃음을 지어보기도 하고, 각자의 반에서 일어난 문제에 대한 대처를 듣고 서로 잘했다고 다독이고 응원해주기도 합니다.

아직 교직의 초입에서 서툰 점이 많은 교사들은 그렇게 서로의 교육관과 교육방식을 공유하며 아이들을 향한 생각을 형성하고 구체화해나가고 있습니다. 서로에게 믿을 만한 첩보원이자 든든한 지원군이 되기를 자처하며, 아이들을 계속 사랑하고 지도할 수 있는 힘을 서로에게 만들어주고 있습니다. 더불어 각 학급에서 벌어지고 있는 상황에 대해 논의하고, 함께 해결책을 모색하며 자잘한 경험치와 능력치까지 함께 쌓아가고 있습니다.

한편 원로 선생님들에게는 또 다른 위로와 가르침을 받습니다. 또래의 선생님들이 함께 공감하고 위로해주는 것도 큰 위안이 되지만, 어떨 때는 원로 선생님들께서 묵직하게 "그 나이에는 다 그래~"하고 전해주시는 무심한 한 문장이 더욱 큰 울림을 주기도 합니다. 몇 십 년의 세월 동안 아이들의 옆을 지켜오신 선생님의 충고는 시대의 변화를 무색하게 할 만큼 통찰력이 있으며, 여전히 반짝입니다. 말로는 젊은 시절의 열정은 다 지나갔다고 이야기하시지만, 부모처럼 관심을 가지고 속속들이 아이들의 정보를 꿰뚫고 있는 선생님들은 저에게 늘 신선한 자극이 됩니다. 따라서 학교 내에서 다양한 선생님들과 교류하고 아이들에 대해 이야기하는 것은, 어쩌면 대학교에서 전공서적을 펴놓고 하던 이론 공부보다도 훨씬 더 소중한 공부가 됩니다.

연차가 적은 새내기 선생님이라면 고민이 많고 걱정도 많은 것이 당연합니다. 스스로 서툴다고 느껴지고, 한 치 앞이 막막하다고 느껴질 때도 있을 것입니다. 하지만 한 아이를 이해하고 변화시키는 일은 어느 선생님 혼자만의 힘으로는 불가능합니다. 주변의 훌륭한 선생님들과 어려움을 함께하고, 진심 어린 공감과 조언을 나눈다면 아이들을 끝까지 사랑할 힘을 얻을 수 있을 것입니다.

함께 축제에 선 선생님들.

첫 담임을 함께 도와주셨던 3학년 선생님들.

나는 1년 차 교사입니다

초임 교사의 학급 운영 스토리

3

1 두근두근 신학기, 무엇을 해야 할까?

담임을 맡아 반에 처음 들어가던 날을 떠올려봅니다. 아침 일찍 아이들은 이전 학년의 반으로 가서 새로운 학년의 반 배정을 받았습니다. '3학년 6반'이라는 말을 듣고 새로운 교실로 향한 아이들은 6반 선생님이 누구인지, 5반 선생님은 누구인지 속닥거리며 잔뜩 설레는 마음으로 기다립니다. 그때, 계단을 오르는 제 심장도 너무나 두근거렸습니다. 첫인사는 뭘로 해야 하지? 반말을 해야 하나, 존댓말을 해야 하나? 아이들이 아무 반응도 없으면 어떻게 하지? 너무 웃어주면 안 되겠지? 이런 온갖 생각들로 머리가 어지러웠습니다.

떨리는 마음으로 어색한 공기가 흐르고 있는 교실의 문을 열었습니다. 넉살 좋게 "안녕하세요~"를 외치는 아이들도 있었고, 긴장한 듯한 눈으로 저를 응시하는 아이도, 선생님이 뭐가 중요하냐는 듯 무심하게 관심을 주지 않는 학생도 있었습니다. 하지만 무관심해 보이는 아이들도 아마 궁금했을 겁니다. 우리 담임 선생님이 엄한지 그렇지 않은지, 우리를 즐겁게 해줄 수 있는지 없는지, 그리고 앞으로 1년이 편안해질지 불편해질지가 말입니다.

이렇게 긴장되는 새 학년의 첫날, 그리고 학기 초반에 교사는 무엇을 해야 할까요? 우선 첫날은 아이들에게 선생님의 이미지를 각인시켜 주어야 합니다.

주변 선생님들께서는 저에게 아이들이 긴장해 있을 때 조금 '무섭게' 이미지를 형성하는 것이 좋다고 말씀하셨습니다. 3월이 지나면 아이들은 다소 해이해지게 되고, 규칙을 지키지 않으려 하는 일도 많아지므로, 처음에는 좀 무섭게 나가야 한다는 것입니다. 이 조언을 들은 저는 아무래도 '무섭게' 보이는 것에는 자신이 없어서, 방향을 살짝 틀어 '깐깐해' 보이도록 하는 것을 목표로 삼았습니다.

우리 학급 안내서

깐깐한 선생님의 이미지를 주기 위해 저는 한 장짜리 '우리 학급 안내서'를 가지고 갔습니다. (134~136쪽 참조) 이곳에 저의 연락처와 교무실 위치 등의 기본 정보부터 학기 초에 필요한 준비물들을 적어두었고, 우리 학급에서 꼭 지켜야 한다고 생각하는 것들도 몇 가지 정리해서 써두었습니다. '~하지 말자'와 같은 부정적인 규칙만 쓰는 것보다는 긍정적인 규칙을 함께 정리하려고 노력했습니다. 또 긍정적인 표현을 많이 하자는 말로 시작해서 거짓말이나 패드립, 따돌림을 하지 말자는 규칙을 정했고, 공부에 대한 제 생각으로 마무리를 했습니다. 아이들도 당시 보았던 제 첫인상이 '깐깐하고 꼼꼼해 보였다'고 하더군요(하지만 이제는 아이들이 제게 깐깐한 면이 있기는 해도 자주 덜렁댄다는 것을 파악해버렸답니다).

이 안내서를 아이들에게 나누어주고 하나하나 짚어서 설명하면서, 제가 어떤 학급을 만들어가고자 하는지 아이들이 알 수 있도록 했습니다. 아이들은 이 안내서를 통해 제가 중요하다고 여기는 것이 무엇인지, 학급의 규칙이 무엇인지를 짐작해보고 나름대로 마음의 준비를 합니다. 이어서 '1인 1역할'을 보면서 우리 학급에서 내가 어떤 역할을 담당할지 고민하는 시간을 갖도록 합니다. 이렇게 하면 첫인상을 결정하는 30~40분이 금방 지나갑니다.

우리 반 급훈, "알아서 잘하자."

나 안내서

그렇게 저의 학급 운영 철학을 알려주고 나면 아이들의 이야기가 궁금해집니다. 저는 두 번째 코너로 아이들에게 '나 안내서'를 나누어 주었습니다. 아이들의 이름과 생년월일, 가족관계 같은 기본정보부터 아이들이 좋아하고 싫어하는 것이 무엇인지, 꿈은 무엇인지, 어떤 말을 많이 듣고 싶은지, 가깝게 지내는 친구는 누구인지 적어보도록 했습니다. 학기 초의 조용한 분위기 속에서 아이들은 꽤나 진지하게 '나 안내서'를 작성합니다. 선생님에게 보여주는 자신의 첫인상이라고 생각해서 그런지 성의껏 써내려갑니다.

이 자료는 학기 초 아이들을 상담할 때 기초자료가 되어줍니다. 학기 초에는 사실 서로에 대해 잘 모르기 때문에 상담을 할 때도 할 말이 많지 않고, 피상적인 대화만 나누기 쉽습니다. 하지만 이 자료가 있으면 아이들과 얘기할 소재가 조금이라도 생기고, 어색한 분위기를 풀어나갈 수 있는 실마리가 되어줍니다. 아이들에게 이러한 사실을 알리고 '나 안내서'를 작성하는 것이 얼마나 중요한 일인지 설명하면, 생각보다 성공적으로 아이들의 이야기를 들을 수 있습니다.

이렇게 작성을 마치면 아이들과의 첫 만남에 보통 주어지는 2교시 정도가 금세 지나갑니다. 잘 버텨냈다는 마음으로 아이들을 조금 이르게 돌려보내면 첫 만남이 끝납니다.

마인드 컨트롤

아이들은 돌아갔지만, 저는 이 다음 단계가 가장 중요하다고 생각합니다. 바로 선생님의 마인드 컨트롤입니다.

첫 담임을 맡은 저는 반 아이들을 집에 돌려보내고 교무실에 혼자 앉았을 때 갑작스럽게 불안감이 밀려들었습니다. 그때의 감정이 아직도 생생하게 기억납니다. 어색한 분위기 속에 두 시간을 혼자 이끌어야 했던 부담감 때문이었는지, 앞으로 30여 명의 아이들을 혼자서 잘 이끌어나갈 수 있을까 하는 걱정 때문이었는지, 지난 한 해 동안 가르쳤던 아이들과의 편안한 분위기가 그리워서였는지 모르겠습니다. 막연한 불안감이 마음을 파고들었고, 앞으로의 1년이 막막하게 느껴졌습니다.

이렇게 첫 만남 이후 밀려드는 불안함을 교사가 잘 조절하는 것이 중요합니다. 저는 선배 교사에게 솔직한 저의 마음을 털어놓았습니다. 선배는 저에게 '다들 그렇다'며 따뜻하게 위로해주셨습니다. 처음에는 자신도 아이들과 어색한 분위기가 견디기 힘들어서 괜히 말도 더 건네보고 초반에 빨리 마음을 열려고 안간힘을 썼는데, 딱 한 달만 아이들과 부대껴도 금방 가까워지고 서로 긴장감이 풀리기 때문에 굳이 첫날부터 그 어색함을 해소해야 할 부담을 느낄 필요가 없다고 말이지요. 또 오히려 처음엔 좀 어색하고 서로 긴장하는 것도 나쁘지 않다며, 잘한 거라고 다독여주셨습니다. 그 말이 위로가 되는 걸 보니, 저는 아이들과 가깝고 친한 선생님이 되고 싶은 욕심이 첫날 마음만큼 실현되지 않고 있다고 생각했던 것 같기도 합니다.

어색한 공기가 흐르는 학급에서 좋은 분위기의 학급을 만들어내겠다는 목표는 선생님에게 굉장히 큰 부담으로 느껴질 것입니다. 하지만 조급해하지 않아야 합니다. 처음부터 아이들과 가까워질 수도 없을뿐더러, 가까워지는 것이 마냥 좋은 것만은 아닙니다. 경력이 부족한 교사라면 서로가 자연스럽게 가까워질 수 있도록 조급한 마음을 버리고 여유를 찾는 것이 더욱 중요할 것입니다.

굳이 한 번에 모든 것을 서로 보여줄 필요는 없습니다. 내가 어떤 식으로 상호작용하는 사람인지를 천천히 보여주면서, 또 아이들이 어떤 방식으로 생활하는지를 천천히 파악하면서, 서로에게 자연스럽게 스며드는 것이 가장 좋습니다. 인위적으로 만들어내는 친근감은 불필요한 무력감과 허무감을 만들어낼지도 모르기 때문입니다.

선생님, 아이들과의 첫 만남에 너무 부담을 가지지 마세요. 아이들을 사랑하는 마음만 있다면 빠르든 느리든 아이들이 그 진심을 알아줄 테니까요. 약간은 어색해도 그 어색함은 서로에 대한 배려와 존중의 다른 말이기도 할 것입니다. 배려하고 존중하며 서로의 허용범위를 알게 된다면, 느리지만 견고한 관계가 만들어질 것입니다. 첫인상이 아무리 중요하다 해도 일관되게, 꾸준히 보여주는 교사의 행동만큼 중요할 수 있을까요? 마음의 부담을 내려놓고 편안한 마음으로, 아이들을 사랑하는 그 마음만 꼭 품어간다면, 잘 해낼 수 있을 거예요!

♥3학년 6반 우리 학급 안내서♥

《여러분의 2019 담임 T》

강 하 은 (영어)

☎ (010) 2*** – 7***

1층 교무실 중앙 창의체험활동부

☞ 연락할 때에는 '선생님 안녕하세요 저는 선생님의 애제자 ○○○입니다.
다름이 아니라 제가 ~'라고 꼭! 붙이기 (없으면 답장 안 합니다 ^^)

☞ 너무 늦은 시간에는 연락을 삼가주세요. 우리… 아직 그런 사이 아니잖아. ^_〈

《학교 생활의 기본 중의 기본!》

1) 등교시간: 8:30

2) 결석: 신고서와 처방전

3) 현장체험학습: 일주일 전 계획서와 보고서

4) 봉사활동: 1365(나눔포털) 제외 일주일 전 계획서

《학급 준비물 (3/5 화요일까지)》

1) 설문지 1장 (부모님 혹은 보호자께 꼭 써달라고 말씀드리기)

2) 증명사진 3 X 4cm 크기 2장 (상담용)

3) 개인 물품에 이름 쓰기 (교과서, 학용품, 체육복 등 학교 내 이동이 많으므로
반드시 이름 쓰기)

《하은 쌤이 말하는, 이것만은 꼭 지켜라!》

1. 긍정적인 표현을 많이 하자

고마워, 미안해, 좋아해를 입에 달고 사는 3학년 6반이 되었으면 좋겠어요. '그런 걸 꼭 말로 해야 해요?' 하고 생각하지 말고, 많이 표현하는 6반이 됩시다. 쌤도 많이 할게요.♡

2. 거짓말 하지 말기 (★★★★★)

선생님이 세상에서 정말 진짜 너무 제일 싫어하는 것이 거짓말입니다. 한번 깨져버린 신뢰는 복구하기가 너무 힘듭니다. 무슨 일이 있어도 선생님을 속이는 행동은 하지 않기를 바랍니다. 솔직해져야만 선생님이 여러분을 도와드려요.

3. 패드립과 따돌림 절대 금지 (★★★★★)

인간이 할 수 있는 가장 저급하고 추한 말이 패드립이고, 가장 비겁하고 찌질한 행동이 따돌림이라고 생각합니다. 어디서든 선생님 귀에 누군가가 패드립을 하는 소리가 들리거나 따돌림의 조짐이 보이면 그날은 우리 반 전체가 불이익을 받게 될 겁니다. 서로 단속해주세요.

3. 가락중의 최고참 3학년, 모범을 보이자

이제 여러분은 가락중의 최고참이 되셨지요? 3학년이 어떻게 행동하느냐에 따라 학교의 분위기가 달라집니다. 특히 우리 6반이 모범을 보일 수 있기를 바라요. 수업 시간 지키기, 위법 행위 저지르지 않기!

4. 학급 임원에 관심 갖기

우리 반을 잘 이끌어줄 수 있는 리더십을 가진 친구, 봉사정신이 뛰어나고 종종 싫은 소리도 거침없이 할 줄 아는 친구 생각해보기. 학급 임원은 고등학교 진학에도 도움이 됩니다.

5. 학급의 1인 1역할

3학년 6반 누구나 [1인 1역할]을 1년 동안 하게 됩니다. 학급 임원이 아니라도 내가 우리 반에서 할 수 있는 작은 일들을 미리미리 생각해보기.

6. 공부는 결코 인생의 전부가 아니지만, 내 나이에 할 수 있는 가치 있는 도전이다.

교시	월	화	수	목	금
임시 시간표					
1	역사	국어	음악	과학B	영어
2	체육	과학A	수학	과학B	미술
3	독서	체육	영어	수학	미술
4	과학A	영어	역사	기술	기가
5	일본어	일본어	체육	영어	기가
6	수학	도덕	국어	일본어	창특
7		스클		국어	

2 '고마워!'의 마법, 아이들이 움직인다

저는 학급 아이들에게 솔직하게 제 감정을 많이 표현하려고 합니다. 고마우면 고맙다, 미안할 땐 미안하다, 사랑할 땐 사랑한다고 표현하는 용기가 살아가는 데 매우 중요하다고 믿기 때문입니다. 제가 먼저 이런 표현들을 실천한다면 아이들 역시 그런 저의 표현 방식을 배우게 될 거라고 생각하기에, 저는 일부러라도 더 많이 표현하려고 노력하는 편입니다. 그중에서도 제가 입버릇처럼 자주 사용하는 말은 '고마워' 입니다.

학급을 이끌어가다 보면 아이들에게 이런 일, 저런 일을 시켜야 할 때가 많습니다. 조회 시간에 교무실에 두고 온 출석부를 챙겨와달라고 부탁하는 일, 우리 반 쓰레기통을 비우고 재활용장에 쓰레기를 가져다

놓는 일, 칠판 지우개를 빠는 일 등등……. 아이들의 도움이 필요한 순간들이 참 많습니다. 한편 제가 할 수 있는 일이라도 아이들이 직접 어떤 역할을 맡아 수행하도록 하는 경험을 만들어주기 위해, 일부러 일을 시킬 때도 있습니다. 바로 앞에 놓인 리모컨으로 아침 방송교육 시간에 TV 전원을 켜는 것은 제가 하면 5초면 되지만, 그 역할을 맡은 아이가 직접 하도록 아이에게 지시하고 가만히 기다리기도 합니다.

아이들에게 일을 시키는 상황에 익숙해지면 교사에게 이는 그저 '당연한 것'이 됩니다. 아이들도 선생님이 시키면 해야 한다고 자연스럽게 인식하기도 합니다. 하지만, 그 부탁을 하는 대상이 아이들이 아닌 동료 선생님이라고 생각해봅시다. 교무실에 두고 온 출석부를 대신 가지고 와주는 일은 엄청나게 고마운 일입니다. 나 대신 칠판 지우개를 빨아다 주는 일도 진심으로 감사한 일이지요. 저에게 종속된 인격체가 아닌 독립된 인격체로 아이들을 바라보면, 제가 이래라 저래라 하는 일을 수행해주는 것은 매우 '감사한 일'이 맞습니다. 저는 이것을 잊지 않으려고 꼬박꼬박 '고마워'라고 이야기하곤 했습니다.

그런 저의 '고마워'는 생각보다 아이들에게 큰 영향을 줍니다. 청소년기의 아이들은 인정받고자 하는 욕구가 매우 강합니다. 그래서 내가 누군가에게 도움이 되었다면, 또 나의 기여로 인해 우리 학급이 더 나아졌다는 것을 알게 되면 많은 아이들은 뿌듯함을 느끼고 은근히 기분이 좋아지기도 하지요.

추운 겨울날 칠판 지우개를 빨아 오는 일은 찬물에 손이 꽁꽁 얼기 때문에 아주 고역입니다. 꽁꽁 언 손으로 칠판 지우개를 들고 오는 아이에게 "진아, 너무 차가웠지? 우리 진이 너무 고마워! 진이 덕분에 우리 반 칠판이 깨끗해지겠다"라고 이야기해주면, 차가움에 짜증스러웠던 마음도 풀리게 마련입니다. 손은 차가울지언정 선생님에게 인정을 받았고, 내가 우리 반을 위해 헌신했다는 생각에 마음은 따뜻해졌을 겁니다. 하지만 반대로 제가 아무런 말도 없이 당연하다는 듯 행동했다면 이 아이의 마음은 손보다도 더 꽁꽁 얼어붙을지도 모르지요.

이렇게 아이들에게 일을 시킬 때만 고맙다는 인사를 하는 건 아닙니다. 어쩌다 한 번씩 종례 시간에 따로 할 말이 없을 때에도 저는 아이들에게 고마움을 전달하곤 합니다. 이유는 사실 생각해내기 마련입니다. "이번 주에는 우리 반 친구들이 지각도 거의 없었고 큰 문제를 일

청소 임무를 수행한 뒤 뿌듯해하는 아이들.

으키지도 않았구나"일 수도 있고, "오늘 수학 선생님이 우리 반 칭찬을 하시더라. 수업 태도도 너무 좋고 수행평가에도 최선을 다한다고. 선생님이 너희 덕에 어깨가 으쓱해졌어. 최선을 다해서 수업에 임해줘서 너무 자랑스럽고, 진심으로 고맙다"라고 해도 좋습니다. 생각해보면 아이들에게 참 고마운 일이 많으니까요.

이 말을 듣는 아이들의 표정은 묘합니다. 한 친구는 이럴 때 '사랑받는 느낌'을 받는다고 전했습니다. 선생님이 우리의 좋은 점을 관심있게 지켜봐주는 느낌, 우리의 멋진 면을 인정해주는 느낌을 가지게 된다고 말입니다. 이렇게 고맙다는 말은 우리 아이들이 자신감을 가질 수있게 하는 원천이 됩니다.

아이들이 사고를 친 날에도 '고마워'는 힘을 발휘합니다. 우리 반친구 두 명이 학교의 대형 거울을 파손한 적이 있습니다. 그때 저는 이실직고를 하러 온 아이들에게 따끔하게 주의를 준 뒤 말했습니다. "그래도 숨기려 하지 않고 바로 선생님에게 와서 이야기해줘서 고마워. 우리 사이에 신뢰를 한층 더 쌓을 수 있게 된 거야"라고 말입니다.

이럴 때 고맙다는 말은 혼이 나서 쪼그라들었던 아이의 마음에 잔잔하게 파고들어 단단한 힘이 되어줍니다. 또 다음에 이런 나쁜 상황에 직면하게 되었을 때도 숨기지 않고 저를 찾게 됩니다. 선생님은 무조건 우리를 혼내는 존재가 아니라, 우리와 한 팀이 되어 함께 수습해줄 수있는 존재라고 인식하게 되는 것이지요. 이렇게 '고마워'는 말하는 사람과 듣는 사람을 끈끈하게 묶어줄 수 있는 엄청난 힘을 지닌 말입니다.

저는 아이들에게 두어 달에 한 번씩 작은 간식과 쪽지를 주곤 했습니다. 그 쪽지에는 '이 행동은 잘했어, 이 행동은 별로야'와 같은 평가가 아니라 '~해줘서 고마워, ~해서 선생님은 너무 고마웠어'라고 적혀 있습니다. 예컨대, "재영이는 늘 예의가 바른 것 같아. 다른 친구들에게 좋은 모범을 보여줄 수 있는 재영이 같은 친구가 우리 반에 있어서 얼마나 감사한지 몰라. 우리 반에 있어줘서 진심으로 고마워!" 등의 내용을 적곤 했습니다.

돌이켜보면 혼을 내는 것보다, 또는 특정 행동을 칭찬하는 것보다 고맙다는 말이 훨씬 더 큰 영향력을 가지고 있었던 듯합니다. 고맙다는 표현은 학생의 특정 행동을 강화함과 동시에, 그 학생과 제가 단단히 연결되어 있다는 믿음까지 줄 수 있는 말이기 때문입니다. 아이들은 고마움을 전달하는 환경 속에 자주 노출되면 점차 고마움을 전달하는 것의 중요성을 몸소 느끼고 실천하게 됩니다. 저는 이 '고마움'의 전달이 우리 학급을 행복하고 화목하게 만드는 데 가장 큰 영향을 주었다고 믿어 의심치 않습니다.

'고마워'의 마법으로 아이들의 마음을 움직여보세요!

아이들에게 고마운 마음을 담아 보냈던 쪽지들.

3 핸드폰 인질극과 아이들

앞서 말씀드렸듯이 저는 표현을 중요하게 생각하고, 자주 표현하려고 노력하는 사람입니다. 마음과 생각을 표현하는 것은 삶을 긍정적으로 바꾸어주고, 그 과정에서 실제로 그 생각대로 이루어지기도 하므로 꼭 필요하다고 생각하기 때문입니다. 하지만 학급 내에는 그런 표현을 힘들어하는 아이들도 있고, 표현하고 싶지만 입밖으로 도무지 꺼내지 못하는 아이들도 있습니다. 이런 아이들에게 조금이라도 표현할 수 있는 기회를 주고 싶었던 저는 때때로 이른바 '엎드려 절받기'를 시행하곤 했습니다. 말하자면 '표현의 주입식 교육'(하하)입니다.

제가 했던 방법들을 하나씩 소개해보겠습니다.

핸드폰 인질극

'으악!' 하고 소리를 지르면서도 내심 좋아하는 아이들도 많았던 시간은 바로 핸드폰을 인질 삼아 엎드려 절을 받는 시간입니다. 특별한 종례 안내사항이 없는 날, 저는 아이들이 제출했던 핸드폰을 모아놓고 일렬로 줄을 세운 뒤 지령을 내립니다. "선생님, 사랑합니다"를 외쳐야만 핸드폰을 돌려주겠다고 말이지요. 그리고 실제로 "선생님 사랑합니다"라고 또박또박 말해야만 핸드폰을 돌려주었습니다.

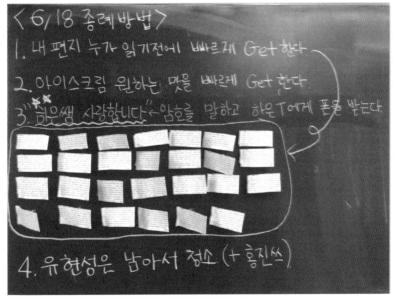

핸드폰 인질극은 이런 식으로 이루어집니다.

어떤 아이들은 머리 위에 하트를 그리고 윙크까지 하며 저보다 한 수 더 떠 "사랑해용 쌤~"을 외치고 핸드폰을 받아 가지만, 어떤 아이들은 힘들어하며 한참 저와 실랑이를 벌이기도 합니다. "사⋯하⋯사랑⋯흐느⋯"까지 겨우 말하고 핸드폰을 빼앗아가려 하기도 하고, "존경합니다 선생님"으로 퉁쳐보려 하기도 합니다. 엄마한테도 사랑한다는 말을 안 해봤다며 몸을 배배 꼬기도 하고요. 하지만 저는 절대로 그냥 핸드폰을 내주는 법이 없습니다. 아이들의 입에서 "사랑합니다"라는 말을 반드시 들어야 돌려주었지요. 덕분에 학년 말쯤이 되면 아이들은 자동으로 "사랑합니다"를 외치게 되었습니다(그러나 10월에 받은 교원능력개발평가에서 어떤 아이는 '사랑을 강요하지 마세요'라는 말을 적기도 했답니다). 그러면 저는 핸드폰을 돌려주며 "현우야, 선생님도 사랑해!" 하고 외쳤습니다.

사실은 저도 낯간지럽고 어색하기도 합니다. 하지만 이런 기회가 아니면 저 또한 아이들에게 좋은 말을 많이 하게 되지 않습니다. 담임 선생님으로서 아이들이 잘못한 행동을 나무라거나 개선해야 될 것을 지적하는 경우가 아무래도 훨씬 많기 때문입니다.

그래서 저는 이 '핸드폰 인질극'을 통해 사랑 고백도 들어보고, 저도 고마웠던 마음을 전달하면서 '힐링'을 하곤 합니다. 기계처럼 같은 문장을 반복하지 않고, "효성이는 요즘 우리 반 챙기랴, 학생회 활동하랴, 공부하랴, 힘들지? 늘 고맙고 사랑한다!", "민진아, 선생님 핸드폰 가방 배달하느라 힘들지? 고맙고 선생님도 사랑한다!"라고 이야기하며 미처 전하지 못했던 마음을 전합니다. 억지로 하는 말일지라도 아이들의 입으로 듣는 "사랑합니다"는 언제나 가슴 깊은 행복을 줍니다. 사랑에 목마른 저 같은 선생님들께 이 방법을 강력 추천합니다.

생색 내기 대작전

담임교사를 맡게 되면 아이들에게 사비로 맛있는 것을 사주거나 아이들을 돕기 위해 학교에 남아야 하는 때가 있습니다. 체육대회 준비하기, 학급 캠프 준비하기, 뮤지컬 공연 연습하기 등 학교에서는 정말 많은 행사들이 이루어지기 때문입니다. 아이들은 이런 상황을 좋다고 생각하지만, 아직 어리다 보니 선생님에게 마음 깊이 감사하거나 그것을 표현하는 것에는 익숙하지 않습니다. 그럴 때 저는 온 힘을 다해 생색을 내고 고마움의 말을 꼭 하도록 지도했습니다.

예를 들어 체육대회에서 자랑할 학급 댄스를 연습하기 위해 모인 아이들에게 떡볶이를 사주며 "이건 선생님의 사비이고, 10만 원이 훌쩍 넘는 돈이 들었단다. 선생님에게 마음 깊이 감사하는 마음을 가지며 떡볶이를 섭취하도록 하여라"라고 근엄하게 이야기했습니다.

여기서 가장 중요한 것은 먹을 것을 앞에 두고 제 말을 듣도록 하는 것입니다. 그러면 아이들은 "감사합니다~"를 외치지 않을 수 없습니다. 눈앞에 있는 떡볶이를 빨리 먹어야 하거든요. 제 말이 끝나기를 기다렸다가 아이들은 아주 큰 소리로 외칩니다. "선생님 감사합니다!"

빨리 먹게 해달라 이거죠. 하지만 한 번 정도는 소리가 작다고 다시 한 번 해보라고 하는 센스도 잊지 맙시다. 아이들은 애가 타서 아주 큰 목소리로 "선생님 감사합니다!"를 외칠 것입니다. 그러면 기꺼이 먹도록 허락을 내려주시면 됩니다.

이렇게 여러 번의 생색이 반복되면 아이들은 제가 시키지 않아도 큰 목소리로 "감사합니다"를 외치고 식사를 시작하게 됩니다. 그런 아이들을 보면 더욱 귀엽고 흐뭇한 마음이 되기도 합니다.

선생님께 전해라

마지막으로는 제가 아닌 다른 선생님들께 가서 '죄송합니다' 또는 '감사합니다'라고 말하도록 하는 것입니다. 아이들이 제 수업 시간이 아닌 다른 시간에 잘못한 일이 있다는 것을 알게 되었을 때, 제가 혼을 내는 것으로 끝내지 않고 해당 선생님께 가서 꼭 마음을 표현하도록 지도한 것이지요.

처음 한두 번은 구체적으로 "제가 수업 시간에 이러이러한 장난으로 수업 분위기를 망쳐서 죄송합니다"라고 말씀드리도록 알려주었고, 더불어 앞으로 어떻게 행동할 것인지에 대한 다짐노 말씀드리게 했습니다. 그 이후에는 아이들이 스스로 가서 표현하도록 했고요. 이와 더불어 어떤 선생님이 우리 반 칭찬을 하시거나 무언가를 사주신다면, 다음 수업 시간에 꼭 칭찬해주셔서 감사하다고, 혹은 사주셔서 감사하다고 전하라고 당부했고, 실제로 표현을 했는지 확인했습니다. 처음엔 아이들이 어리둥절해하지만, 이렇게 반복하면 아이들과 교과 선생님들의 관계도 좋아지고, 예의 바른 우리 반을 만들 수 있는 선순환의 시작점이 되어주기도 합니다.

초등학생도 아니고 중학생에게 이런 것까지 해주어야 하나 싶기도 하겠지만, 누군가 가르치지 않으면 아이들은 학교를 벗어나 사회에 나가서도 표현에 인색한 아이가 될지 모릅니다. 조금 유치해 보여도 사랑과 감사, 죄송한 마음을 충분히 표현할 수 있도록 돕는다면 우리 아이들이 더 멋진 사회의 구성원이 될 것이라고 믿어 의심치 않습니다.

4 나는 이렇게 '화'를 낸다

담임교사로 지내다 보면 아이들에게 화를 내야 하는 일이 생기게 마련입니다. 이전까지 다른 사람들에게 '무섭게 화내는 것'과는 거리가 멀었던 저였기에, 어떻게 화를 내는 것이 '잘' 화내는 것인지에 대한 고민이 많았습니다. 주변 선생님들을 관찰해보기도 하고 여러 선생님들이 쓰신 책도 읽으면서, '잘' 화내는 것이란 어떤 것인지에 대한 제 생각을 세 가지로 정리하고 실천해보았습니다.

예측 가능성

첫째는 예측 가능성입니다. 아이들과 만나는 첫날, 학급 규칙을 안내할 때 선생님이 '무서워지는' 순간을 아이들에게 미리 알려줄 필요가 있습니다. 저는 학급 안내서를 통해 우리 학급에 절대로 있어서는 안 되는 것이 바로 거짓말, 패드립, 폭력이라는 것을 강조했습니다. 그냥 지나가는 듯한 느낌으로 '이런 건 나쁜 거야'라고 얘기하는 것이 아니라, 세 가지 각각을 설명하며 이것이 왜 없어야 하는지를 명확하게 전달하려고 했습니다.

거짓말을 하는 것은 가장 가까우면서 한 팀이어야 하는 담임 선생님과 너희들 사이를 가장 멀어지게 하는 것이고, 팀워크를 깨는 것이기 때문에 매우 좋지 않은 행동이라고 말했습니다. 패드립에 대해서는 상대에게 씻지 못할 상처와 트라우마를 남길 수 있는, 인간이 입에 담을 수 있는 가장 저급하고 비열하고 비겁한 욕이므로 주변 친구가 사용하면 꼭 신고해줄 것을 당부했습니다. 또 폭력은 문제를 해결하는 가장 좋지 않은 방법이며, 폭력을 사용하지 않고도 문제를 현명하게 해결해 나가는 것이 우리가 반드시 갖추어야 할 자질이라고 설명했습니다. 이렇게 아이들이 어떤 행동을 보일 때 제가 화가 나는지를 하나씩 조목조목 설명했고, 이런 상황이 발생하면 제가 무섭게 변할지도 모른다는 인상을 심어주려 했습니다.

선생님이 어떤 행동에 화를 내는지 아이들이 예측할 수 있도록 하기 위해서는 미리 전달했던 것을 실천하는 것도 중요합니다. 학기 초반에 아이들이 제가 언급했던 행동을 저지른다면 단호하고 따끔하게 혼을 낼 필요가 있습니다.

한번은 아이들이 저에게 거짓말을 하는 사건이 발생했습니다. 조금 소란스러워지기 쉬운 전일제 학교 행사의 날, 선생님들께 우리 반 아이들 중 태도가 좋지 않은 학생이 있으면 칠판에 적어달라고 부탁을 드렸고, 한 선생님께서 두 아이의 이름을 칠판에 적어두셨습니다. 하지만 두 아이가 함께 모의하여 그것을 지워버렸고, 다른 아이들 역시 이것을 저에게 이야기하지 않았습니다. 하지만 다음 날 그 선생님으로부터 이 사실을 전해들은 저는 아이들이 저를 속였다는 것을 알게 되었습니다.

물론 화가 나기도 했지만, 그것보다도 아이들에게 제가 뱉었던 말을 지키는 모습을 보여주고 싶었습니다. 아이들과의 첫 만남에서 거짓말은 우리 사이에 절대 있어서는 안 되며, 이것은 어기면 안 된다고 이야기했었기 때문입니다.

그래서 저는 종례시간에 아이들에게 저의 실망감을 여과 없이(사실 조금은 과장해서) 표현했습니다. 거짓말은 우리 반에 있어서는 안 되는 일이라고 분명 이야기했고, 이름을 지운 당사자들은 물론 그것을 선생님에게 전달하지 않은 다른 아이들 또한 선생님과의 신뢰를 저버린 것이라고 말했습니다. 한 팀이어야 하는 우리가 오늘을 계기로 서로에게서 한 발짝 멀어진 것이라고, 선생님은 너희를 돕고 싶었는데 너희는 선생님을 밀어내고 있는 것이라고 힘주어 이야기했습니다. 또 선생님은 너무나도 실망했으며 한번 깨진 신뢰는 복구하는 데에 엄청난 시간이 걸린다고, 너희들은 스스로의 행동에 책임을 져야 할 것이라고 말했습니다. 그리고 이름을 지웠던 아이들을 남겨 선생님이 왜 실망했는지, 이런 일이 왜 다시는 일어나선 안 되는지를 단단히 일러두었습니다.

이렇게 아이들이 미리 알고 있는 상황에 대해 실제로 교사가 화를 내는 모습을 보면, 아이들은 선생님이 어떤 상황에서 어떻게 화를 내는지 예측할 수 있게 됩니다.

사랑 더하기

그렇게 저는 거짓말과 관련하여 아이들에게 화를 낸 뒤 조금 쌀쌀한 표정으로 종례를 마쳤습니다. 그리고, 다음 날 조회 시간에 교실에 들어가자 화를 낸 뒤여서 그런지, 제가 들어가면 늘 반갑게 인사하던 아이들이 긴장한 채 저를 쳐다보지도 않는 것이 느껴졌습니다. 그런 아이들이 귀엽기도 했지만, 저는 아직 긴장을 풀어줄 때는 아니라고 생각했습니다.

그렇게 다시 적막이 흐르는 조회 시간을 보내고 난 뒤, 우리 반 회장이 다가와 편지를 한 통 건넸습니다. 우리 반을 대표하여 저에게 쓴 편지였는데, 신뢰를 저버려 죄송하다며 앞으로 잘하겠다는 내용을 구구절절 귀엽게 담은 것이었습니다.

이 편지를 읽고 저는 그날 종례 시간에 아이들에게 저의 마음을 전달했습니다. 선생님이 학기 초에 말했듯이 거짓말을 비롯한 여러 행동들은 우리 반에 절대로 있어서는 안 되며, 우리는 서로를 진심으로 믿고 의지할 수 있는 한 팀이어야 한다고 강조했습니다. 선생님이 너희들을 진심으로 사랑하기 때문에 더 속상하고 화가 났던 것이라고, 하지만 이렇게 회장이 대표로 편지까지 썼으니 이번에는 너희가 실수한 것으로 생각하고 다시 믿어보겠다고 했습니다. 아이들에게 화를 내기는 했지만, 그 화가 내 말을 거역한 것에 대한 분노가 아니라 사랑과 믿음에 기반한 실망감임을 전달한 것입니다.

당시 우리 반 회장이 써왔던
세상에서 가장 진지한 편지.

이런 과정을 통해 아이들과의 관계를 회복할 수 있었고, 아이들 역시 다시 그런 행동을 해서 선생님을 실망시키면 안 되겠다는 의식을 가지게 되었을 것입니다.

일관성

　마지막으로 중요한 것은 교사가 일관성을 가지고 화를 내야 한다는 것입니다. 사실 교사도 사람이기 때문에, 어떤 날은 아이들에게 화를 내는 것조차 귀찮고 피곤하기도 합니다. 하지만 그런 날이라도 같은 상황이라면 최선을 다해서 화를 내는 것이 좋습니다. 교사가 기분이 나쁠 때는 화를 내고 기분이 좋을 때는 그냥 넘어간다면, 아이들은 어떤 행동이 잘못된 것인지 생각하기보다는 오늘 선생님의 기분이 어떤지를 살피게 됩니다. 이것은 아이들에게 불안을 심어주고, 지도의 목적인 바른 인성을 함양하는 것이 아니라 단순히 눈치만 보게 만들 뿐입니다. 따라서 교사는 일관성을 가지고 미리 이야기한 사항에 대해서는 똑같이 대응할 수 있어야 합니다.

　이렇게 세 가지를 유념하여 아이들에게 화를 낸다면, 아이들과의 관계가 멀어지는 것이 아니라 오히려 서로를 더욱 신뢰하고 사랑하는 계기가 될 것입니다. 또한 학급에서 꼭 지켜야 하는 가치에 대해 아이들이 내면화할 수 있고, 올바른 가치관을 형성해나갈 수 있게 됩니다.

　기분에 따라 화내지 않기를, 분노에 사로잡혀 아이들을 사랑하는 마음을 잊지 않기를, 이 글을 쓰며 저도 다시 한번 다짐해봅니다.

울고 웃으며 끈끈해졌던 우리 반의 모습.

5 우리는 한 팀, 교사와 부모

돌이켜보면 교사가 되기 전의 저는 아이들과 어떻게 하면 잘 지낼 수 있는지만을 고민했던 것 같습니다. 아이들과 잘 지내면 학급 운영이 술술 풀릴 것이라고 굳게 믿었습니다. 하지만 학교 현장에 와보니 아이들과 상호작용하는 것만으로 1년 동안 학급을 원활히 운영하기는 힘든 일이었습니다.

학급 운영에서 아이들과의 관계 못지않게 중요한 것은 학부모님과의 관계입니다. 아이들과는 관계가 좋더라도, 학부모님과의 관계가 잘 형성되지 않으면 학급을 잘 이끌어나가는 것이 힘들다는 것을 학교에 와서야 알았습니다.

학부모님들과 신뢰 관계를 잘 쌓지 못하면 학교와 가정의 지도에

엇박자가 생겨 아이들의 변화가 힘들며, 심지어는 아이들에게 왜곡된 형태의 불만이 생길 수도 있습니다. 학교에서 아이가 저지른 자잘한 잘못을 부모님께 알렸을 때, 가정에서도 이를 잘못된 것이라고 확실히 일러주고 지도해야만 아이가 제대로 깨달을 수 있습니다.

학교에서 내릴 수 있는 처벌이 마땅치 않은 요즘, 교사는 회심의 카드로 "이것은 사안이 중대하니 학부모님께 전화해서 알릴 거야"라는 말을 하게 됩니다. 그런데 이 말이 힘을 가지려면 가정과 학교의 협력이 아주 중요합니다. 만약 학부모님께서 제대로 지도해주지 않으면 아이들은 부모님께 연락이 가도 별일이 일어나지 않는다는 것을 학습하게 되고, 더 심각한 사안에 대해서도 두려워하지 않게 됩니다. 작게는 부모님께 알림이 가는 벌점부터 부모님을 학교로 소환해야 하는 학교생활교육위원회, 혹은 학교폭력대책심의위원회 등에 대해서도 두려워하지 않고 무시하는 일까지 벌어질 수 있습니다. 더불어 아이들이 부모의 태도를 내면화하여 학교를 불신하고, 나아가 '선생님은 우리를 부당한 이유로 괴롭힌다'는 왜곡된 신념까지도 가지게 될 수 있습니다. 따라서 부모와 교사가 한마음이 되도록 노력하는 것은 현실적으로 매우 중요합니다.

부모와 교사는 한 팀이 되어야 합니다. 학교에서 가정의 지도를 요청하면 부모도 가정에서 일관된 태도로 해당 사안에 대해 지도해주이야 합니다. 학교와 가정에서 같은 말을 하면 아이들은 조금씩, 느리게나마 변화할 수 있습니다. 아이들도 부모가 가지는 신뢰를 내면화하여 교사와 학교를 믿고 따르게 됩니다.

또 학교에서 칭찬해달라는 말을 가정에 전하면, 부모 역시 온 힘을 다해 아이를 칭찬해서 그 행동을 강화시켜야 합니다. 가정과 학교 모두에서 인정을 받는 것은 아이의 행복도에 아주 큰 영향을 미치게 됩니다. 아이는 행복함을 느끼면 그 방향으로 계속해서 발전하게 되니까요.

그렇다면 부모와 한 팀이 되기 위해 교사는 무엇을 할 수 있을까요? 저는 한 팀이 된다는 것은 부모가 교사를 신뢰하고, 교사는 부모를 인정하고 존중해주는 것이라고 생각합니다. 이를 위해 교사는 먼저 학부모에게 신뢰감을 주어야 합니다. 저는 크게 다섯 가지를 실천했습니다.

하나, 학부모총회에 적극적으로 임하는 것입니다. 보통 학교는 3월 안에 반별로 학부모총회를 개최합니다. 새로운 학급을 배정받은 학부모들을 모시고 새로운 담임교사와 만남을 가지고, 학교에서 운영하는 다양한 학부모 활동에 참여해주실 분들의 명단을 마련하는 날입니다.

아이들과의 첫 만남이 중요하듯, 학부모님들과의 만남에서도 좋은 인상을 남기는 것이 매우 중요합니다. 신뢰감을 주기 위해 저는 제 소개를 먼저 했습니다. 저의 경우 새내기 교사라 부모님들이 불안해하실 수 있으니 저에게 신뢰감을 가질 수 있는 정보들, 예를 들어 제가 다녔던 대학교나 집필했던 책들을 알려드렸습니다.

내세울 만한 스펙(2)이 없더라도 괜찮습니다. 학급 운영을 할 때 가장 중요하게 여기는 것이 무엇인지 명확하게 전달하고, 학부모님들께 서 구체적으로 어떤 협조를 해주시면 좋은지 알려드리면 부모님들은 교사가 학급 운영에 철학을 가지고 있다는 사실만으로도 일단 신뢰를 가질 것입니다. 학부모총회에 참석한 부모님들은 평소 아이들의 학교 생활에 관심이 많기 때문에 더욱 신경 써서 준비한다면, 1년 동안 학부 모님과 신뢰를 바탕으로 좋은 관계를 유지할 수 있을 것입니다.

둘, '밴드'나 '클래스팅'과 같은 학부모님들과의 소통 창구 마련하 기입니다. 아이들이 학교의 다양한 행사에 참여하고 있는 모습을 사진 으로 찍어 올리고 학부모께서 보실 수 있도록 하면, 아이들이 즐겁게 학교생활을 하고 있으며 교사가 이를 관심 있게 지켜보고 있다는 믿음 을 줄 수 있습니다. 저는 수학여행, 체육대회, 스승의 날 행사, 학급 캠 프 등 굵직한 이벤트가 있을 때 사진을 찍어 안전하고 즐겁게 진행되었 음을 알렸고, 시험이 끝난 뒤엔 열심히 한 아이들을 격려해달라는 게시 글을 올리기도 하고, 중학교 3학년의 경우 고입과 관련된 중요한 사항 이 있을 때 알리는 글을 올리기도 했습니다. 이렇게 글을 올리면 담임 선생님이 우리 아이들을 관심과 사랑으로 대해주고 있다는 사실을 학 부모님들께 알릴 수 있어 좋습니다.

셋, 좋은 일 알려드리기입니다. 선생님은 나쁜 소식을 전하기 위 해 학부모에게 연락을 드리는 경우가 많습니다. 저는 송영호 선생님 의 《송샘의 아름다운 수업》이라는 책을 읽고, 아이들이 칭찬받을 만한 일을 했을 때도 연락을 드리면 좋겠다고 생각했습니다. 그래서 담임을 맡게 된 후 좋은 소식 알려드리기를 실천했습니다. 아이가 눈에 띄게 수업 태도가 좋아져 다른 과목 선생님에게 칭찬을 받았던 이야기를 전달하고, 함께 칭찬해달라고 말씀드렸습니다. 또 학교에서 만들기를 함께 한 날, 아이가 너무 잘 도와줘서 잘 끝냈다는 이야기도 알려드렸습니다.

문자를 보내는 것은 사실 길어야 1분 남짓 걸리는 일이지만 좋은 소식을 듣는 부모님에게는 하루 내내 지속되는 기쁨을 줄 수 있습니다. 나쁜 소식만 전해드리기보다는 좋은 소식도 함께 전해드리는 것이 학부모님을 한 팀으로 만드는 비결 중 하나입니다.

넷, 나쁜 일 '잘' 알려드리기입니다. 아이들의 크고 작은 문제를 학부모님들께 알려드릴 때에는 잘 전달하는 것이 중요합니다. 저는 문제 상황을 아주 구체적이고 자세하게 알려드리고자 노력했습니다. 어떤 일이 있었는지, 아이는 어떻게 이야기했는지, 그 일을 목격한 다른 사람은 어떻게 이야기했는지 등 알고 있는 사실들을 상세하

학부모님과 한 팀이 되기 위한 작업 중 하나,
귀여운 가정통신문 보내기.

게 설명해 학부모님이 객관적으로 사실을 파악할 수 있도록 도와드려야 합니다.

더불어 아이가 이런 좋지 않은 행동을 보이기는 했지만, 제가 아이에 대한 근본적인 신뢰를 가지고 있으며 충분히 개선될 수 있는 여지가 있다고 생각한다는 것을 전달하여 학부모님의 속상한 마음을 덜어드렸습니다.

선생님이 아이의 잘못된 행동만을 계속해서 이야기하면 학부모님들은 담임 선생님이 우리 아이를 나쁘게 바라보고 있다는 생각에 불안해지고, 그러면 아이의 편에 서서 옹호하고 변호하고 싶은 마음이 들게됩니다. 따라서 이 이야기를 전하는 담임 역시 아이를 믿고 있으며, 아이의 편에서 가장 좋은 방향으로 상황을 이끌어나가려는 의지가 있음을 피력하는 것이 학부모님과의 갈등을 방지하는 방법입니다.

다섯, 존경의 말씀 전하기입니다. 학부모님들은 소중한 우리 반 아이들을 10여 년간 최선을 다해 키워주신 분들입니다. 저마다의 이유로 아이에게 관심을 많이 주지 못했을 수도 있고, 바람직하지 않은 방식으로 육아를 하셨던 분도 계시겠지만, 그분들 역시 아이들을 세상 누구보다 사랑하는 마음으로 나름의 최선을 다해 길러온 분들입니다.

저는 그렇게 오랜 시간 아이들 옆에서 아이들의 생계를 책임져온 이 세상의 모든 학부모님들에게 진심으로 존경심이 듭니다. 나 하나 책임지기도 힘든 이 세상에서 아이를 기른다는 것은 누구에게나 버겁고 힘든 일이기 때문입니다.

그래서 이런 저의 존경심을 학부모님들께 전달하려고 부단히 노력했습니다. 학급 행사와 관련하여 단체 문자를 드려야 할 때 "존경하는 학부모님들 안녕하세요!"로 이야기를 시작하거나, 마지막을 "밤낮으로 아이를 위해 애써주시는 학부모님들, 진심으로 존경하고 늘 감사드립니다"라고 적어 그런 마음을 전달하곤 했습니다. 간혹 좋지 않은 일로 통화를 할 때면 "아이 키우기 너무 힘드시죠……. 저는 이렇게 몇 개월 봤다고 마음이 아픈데, 애지중지 아이를 키워오신 부모님 마음은 얼마나 속상하시겠어요. 너무 고생이 많으십니다. 제 얘기 잘 들어주셔서 감사해요" 하고 말씀드립니다. 이렇게 마음을 알아드리는 것만으로도 학부모님은 위로받게 됩니다.

이런 방법을 통해 저는 담임 첫해에 학부모님들과 서로 감사와 존경의 인사를 자주 주고받는 '끈끈한 한 팀'으로 움직일 수 있었고, 학급안에서 곤란한 일이 생겼을 때도 협력해서 지도할 수 있었습니다. 좋은 학부모님들을 만난 저의 천운이기도 하지만, 제 작은 노력도 그 팀워크에 한몫했다고 굳게 믿습니다.

교사와 학부모가 한 팀이 되면 아이들은 생각보다 빠르게 안정을 찾고 성장해갑니다. 가정과 학교가 함께 아이를 사랑으로 변화시킬 수 있도록, 이 글을 읽는 선생님께서 먼저 움직여주시기를 바랍니다!

6 톡톡 튀는 아이를 대하는 방법

한 반의 분위기는 생각보다도 더 많이, 몇 명의 영향력 있는 아이들에 의해 결정됩니다. 같은 반도 특정 아이가 있을 때와 없을 때 분위기나 수업 집중도가 큰 폭으로 달라지는 것을 관찰할 수 있습니다. 영향력이 강한 한 아이가 선생님에게 반항적인 태도를 보이면 아이들은 거기에 장단을 맞춰주거나 눈치를 보게 되고, 그러면서 전체 분위기가 완전히 망가질 수도 있습니다. 저는 담임을 맡지 않았던 첫해에 이런 상황을 여러 차례 목격하였고, 학급 담임을 맡게 되면 꼭 영향력 있는 몇 명을 잘 지도해서 반의 분위기를 좋은 방향으로 이끌어야겠다는 다짐을 하곤 했습니다.

이후 담임을 맡고 저희 반 아이들을 만났습니다. 보통 학급 편성을 할 때는 선생님들께서 심혈을 기울여 반별로 균형이 맞게끔 조정하기 때문에, 저희 반에도 역시 분위기를 나쁜 쪽으로 몰아갈 수 있는 '요주의 인물'로 불리는 아이들이 몇 있었습니다.

'요주의 인물'이라고 불리는 이 아이들을 어떻게 지도할지는 담임 선생님들에게 매우 중요한 과제입니다. 선생님들은 어떻게 하면 이 아이들을 잘 다스려 학급에 협조적인 아이들로 만들 수 있을지 늘 고민을 거듭하십니다. 사실 아이들마다, 선생님마다, 상황마다 적용할 수 있는 방법이 너무도 다양하기 때문에 이렇다 할 정답이 있는 것은 아닙니다. 저는 전년도에 이 아이들을 맡았던 선생님들을 찾아가 조언을 구하며 '물을 흐릴 수 있는 물고기' 같은 아이들을 탐색하고, 주변 선생님들과 함께 각각의 아이에게 맞는 대처 방안을 마련하기도 했습니다. 이 과정에서 저와 주변 선생님들이 사용했던 방법을 하나씩 알려드리겠습니다.

감투 씌우기

저희 학년에 내로라하는 까불이가 한 명 있었습니다. 좋아하는 것은 오직 체육뿐, 체육을 제외한 모든 수업 시간에는 심한 장난으로 수업 진행을 방해하는 아이였습니다. 목소리는 얼마나 크고 말은 또 얼마나 많은지, 선생님이 조용히 하라고 지적하는 순간에조차 말을 멈추지 않는 아이였습니다. 이 아이는 학기 초부터 반 분위기를 장난스럽고 시끄럽게 만들어 담임 선생님을 곤혹스럽게 하곤 했습니다.

그런데 이 아이가 그 어느 때보다도 열심히 학교생활을 했던 때가 있습니다. 바로 체육 선생님이 '반별 리그전'을 진행했던 때입니다. 평소 이 아이가 체육을 좋아하는 것을 알고 계셨던 체육 선생님께서 이 아이에게 주심이라는 막대한 권한을 부여하신 것입니다. 그러자 이 아이는 우리 학교의 대표 주심으로서 다른 학년의 경기에까지 참석하여 반칙 여부를 결정할 수 있게 되었고, 자신이 좋아하는 분야에서 중요한 역할을 맡게 된 이 아이는 신이 나서 눈을 반짝이며 심판을 보곤 했습니다. 그렇게 까불거리던 아이의 눈에는 장난스러움이 싹 가셨고, 시험을 보는 전교 1등의 눈빛처럼 진지하고 신중했습니다.

그런 아이의 모습을 체육 선생님뿐만 아니라 다른 선생님들까지 보시게 되었고, 점차 수업 시간에도 아이에게 한 번씩 칭찬의 말을 건네게 되었습니다. 그리고 그런 칭찬을 들은 날이면 아이는 조금 더 의젓하게 수업에 집중하려는 태도를 보였고, 그것이 선순환을 가져와 아이를 변하도록 했습니다. 자리가 사람을 만든다는 말이 있듯이, 막중한 임무를 맡게 된 아이는 그에 상응하는 책임감과 의젓함을 지니기 위해 노력했고, 그것이 아이를 성숙하게 하는 계기가 되었던 것입니다.

물론 아이에게 잘 맞지 않는 감투를 씌워주었다가 역효과가 나는 경우도 있으니, 주의해서 사용하시기 바랍니다.

끈질긴 상담

우리 학교의 한 선생님은 '끈질긴 상담'으로 유명하십니다. 평소 상냥하신 선생님께서는 나긋나긋한 목소리와 조곤조곤한 말투로 두 시간이고 세 시간이고, 문제를 해결할 때까지 상담을 하십니다. 그 반 아이들은 "오늘 학교 끝나고 선생님이랑 상담하고 가렴"이라는 말을 가장 싫어할 정도이니, 선생님의 상담 열정을 알 만하지요. 이 선생님께서는 이렇게 끈질긴 상담을 톡톡 튀는 아이들을 다루는 방법으로 사용하십니다.

학기 초, 이 선생님은 자신의 반 아이들 중 세 명이 수업 시간에 예의 없는 행동을 하고 분위기를 흐린다는 소식을 들으셨습니다. 그리고 그 아이들과 '특별 상담 기간'을 시작하였습니다. 이 특별 상담 기간에 아이들은 매일매일 방과 후에 남아 상담일지를 써야 합니다. 상담일지에는 '오늘 수업 중 내가 지적받은 사항'과 '오늘 수업 중 내가 노력한 사항'을 상세하게 써야 합니다. 너무 짧거나 성의 없게 쓰면 다시 써야 하고요. 그리고 그렇게 쓴 상담일지를 바탕으로 선생님과 긴 상담을 합니다. 지적받은 행동들이 왜 잘못된 것인지, 앞으로 어떤 노력들을 더 해야 하는지 함께 논의하는 것입니다.

이후 아이들의 수업 태도가 개선되었는지를 교과 선생님들에게 확인하고, 개선되지 않았다면 이 '특별 상담 기간'은 일주일 더 연장됩니다. 이 선생님께서는 이렇게 아이들과 상담을 반복하며 수업 태도를 개

선하기 위해 힘쓰셨고, 실제로 아이들의 수업 태도가 많이 좋아졌음을
모두가 느낄 수 있었습니다.

친구들 이용하기

온 힘을 다해도 변하지 않는 아이들이 간혹 있습니다. 한 아이는 담임 선생님이 어르고 달래고 감투도 씌워보고 끈질기게 상담을 해봐도 계속해서 독특한 행동을 반복하기만 했습니다. 그런데 그렇게 몇 개월을 고생하던 선생님에게 한 줄기 빛처럼 다가온 해결책이 있었으니, 그것은 바로 친구들의 도움이었습니다.

중학교 아이들에게 선생님의 칭찬과 인정보다 훨씬 더 중요한 것은 또래 아이들에게 받는 인정입니다. 이 아이가 돌발 행동으로 수업의 분위기를 흐리던 첫 몇 개월, 아이들은 그래도 친구이기 때문에 함께 웃기도 하고 분위기에 동조하기도 했습니다. 그런데 이러한 아이의 행동은 점점 심해졌고, 교과 선생님뿐만 아니라 담임 선생님과의 갈등도 더욱 잦아지기 시작했습니다. 이 아이의 담임 선생님은 온갖 방법으로 애를 썼지만 변화가 없어 무척 힘들어하셨지요. 그런데 이때, 친구들이 변화하기 시작했습니다.

우리 반을 위해서 애쓰시는 담임 선생님이 힘들어하시는 모습을 보자, 아이의 친구들도 더 이상은 안 되겠다는 생각이 든 것입니다. 친구

들은 투박하게나마 진심을 담아 이 아이에게 더 이상 선생님들에게 예의 없는 행동을 하거나 과도하게 수업을 방해하지 말았으면 좋겠다고 전달했고, 친구들의 변한 태도에 놀란 아이는 조금씩 변하기 시작했습니다. 처음에는 약간 서먹해졌던 친구들과의 관계는 아이의 행동이 변화하면서 다시 회복되었고, 아이는 옛날의 미소를 되찾은 것은 물론 훨씬 좋아진 생활 및 수업 태도를 가지게 되었답니다.

이처럼 아이들에게 선생님과의 관계보다도 중요한 것은 친구들과의 관계입니다. 만약 어떤 아이의 행동이 다른 친구들도 불편할 만큼 도가 지나치다면, 주변의 친한 친구들을 불러 이런 상황을 설명하고 아이가 달라지도록 함께 노력하자고 이야기해볼 수 있을 것입니다. 선생님이 직접 잔소리를 늘어놓는 것보다 친구가 툭 던지는 한마디가 더욱 큰 영향력을 가질지도 모르기 때문입니다.

이 외에도 정말 많은 방법이 존재합니다. 방과 후에 아이를 불러다 고기를 구워주면서 상담하시는 선생님, 함께 아이들과 텃밭에서 나무를 가꾸시는 선생님, 편지를 써서 마음을 전하는 선생님까지……. 선생님들은 정말 다양한 방식으로 학교를 들썩이게 하는 아이들을 지도합니다. 그런 모습을 옆에서 지켜보면, 느리게 변하는 아이들이 있을지언정 변하지 않는 아이는 없다는 생각이 듭니다. 또 앞으로도 각자의 방식으로 진심을 가지고 한 명 한 명에게 매달리면, 그 진심은 통할 것이라는 믿음을 가지게 됩니다.

아이들의 톡톡 튀는 장난기가 드러나는, 저를 그린 그림들.

7 [학교폭력 대처법 1]
이해하고 안내하다

때는 11월, 다른 반에 비해 큰 문제를 일으키지 않고 늘 저를 잘 따라주는 우리 반 아이들에게 하루하루 감동을 느끼던 때였습니다. 저는 팔불출처럼 주변 선생님들께 올해 너무 복을 받은 것 같다며, 아이들이 너무 착하다고 소문을 내고 다녔습니다. 그런데 어느 날 사건이 터졌습니다. 남자아이들이 일명 '단톡방'에서 한 여자아이의 흉을 본 것입니다.

신고를 받고 욕설과 조롱이 난무하는 그 '톡방'의 대화를 하나하나 확인하는 동안, 마음이 쿵 하고 내려앉는 듯했습니다. 그 단톡방에는 너무 많은 남자아이들이 참여하고 있었기에 제가 믿고 의지하던 우리 반 아이들이 맞는지 의심스러울 만큼 충격이 정말 컸습니다. 이런 못된 말들이 오고 간다는 것을 믿고 싶지 않았습니다. 학부모님들께 전화해서 이 상황을 알리며 눈물을 보일 정도였으니 제가 얼마나 심리적으로 충격을 받았는지 아시겠지요.

사건 신고를 받은 뒤로 약 2주간은 끙끙대며 이 일에 매달렸고, 결국은 아이들이 서로 응어리졌던 감정을 풀어내고 한 학급의 구성원으로서 서로를 더 배려하며 학급 분위기가 더욱 좋아지는 좋은 결과를 얻어냈습니다.

결과만 보면 누구보다 능숙하게 잘 해결해낸 것 같지만, 그 2주 동안 저는 불안함에 잠을 설치기도 하고, 아이들 앞에서 눈물을 보이기도 했습니다. 연루된 학생이 열일곱 명으로 꽤 많았고, 아이들이 했던 발언의 수위도 높았기에 너무나 조심스럽고 힘들었습니다. 이런 큰일은 처음이라 눈앞이 캄캄했지만, 주변 선생님들의 도움으로 하나씩 차근차근 대처해나갈 수 있었습니다. 제가 선생님들의 도움을 받아 실천했던 학교 폭력 대처법을 공유하고자 합니다.

이해

가장 중요한 첫 단추입니다. 처음 신고를 받게 되면, 섣불리 판단하기보다는 최대한 객관적이고 구체적으로 상황을 파악하는 것이 중요합니다. 신고한 아이에게는 속상하고 힘들었을 마음을 달래준 뒤 최대한 자세하게, 객관적으로 상황을 전달해달라고 했습니다. 왜곡된 사실

이 없어야만 문제를 잘 해결할 수 있기에 숨기는 것 없이 솔직하게 이야기해줄 것을 당부했습니다. 저는 주말에 전화로 신고를 받았기 때문에, 문자로 상황을 설명하여 보내달라고 했습니다. 그리고 가해자로 지목된 학생들을 불러 신고 사실을 알리고 상황을 파악할 것임을 알렸습니다.

한편 학교에서 신고를 받게 된다면 아이들에게 상황진술서를 주고 '글로' 받아두는 것이 좋습니다. 아이들도 글로 쓰면서 상황을 정리해볼 수 있고, 사건에 연루된 다른 아이들의 글과 비교해보며 사건을 정확하게 파악해갈 수 있기 때문입니다.

이후 저는 가해자라고 지목된 아이들 중 한 명에게 연락해서 상황을 설명하고, 담백하게 저의 뜻을 전달했습니다. 이런 상황에 대해 신고를 받았고, 단톡방의 내용을 캡처한 사진을 모두 보았으며 전후 사정을 알고자 한다고 담담하게 전달했습니다. 덧붙여 저는 누구의 편도 아니며, 누가 일방적으로 잘못했다고 해도 등을 돌리거나 강력한 처벌을 하는 것이 목적이 아니라는 것을 강조했습니다. 잘잘못을 따지는 것보다 선생님에게 훨씬 중요한 것은 이 일의 내막을 정확하게 파악해서 우리 반 구성원 모두가 행복을 되찾는 것이라고, 그렇기 때문에 자신의 잘못이 드러나는 것이 부끄럽더라도 여과 없이 솔직하게 상황을 설명해주어야 한다고 당부했습니다.

이때도 아이들에게 글로 상황을 진술하게 하는 것이 좋습니다. 가해자로 지목된 학생이 많은 경우 그들을 한꺼번에 불러 서로 상의할 수 없게 하고, 동시에 상황을 진술하도록 하는 것이 객관적인 상황 파악에 도움이 됩니다. 저는 아이들을 한곳에 모아 어떻게 된 것인지 최대한 구체적으로 쓰도록 했고, 전후 사정이나 제가 알아야 할 것이 있다면 하나도 빠짐없이 기록하라고 이야기했습니다.

하지만 이렇게 글로 구체적인 상황을 진술을 받아도 사건에 대해 명확한 이해가 되지 않은 상황에서는, 섣불리 학부모에게 전하는 것이 독이 될 수 있습니다. 특히나 한쪽의 의견만 듣고 신고자의 부모님, 혹은 가해자로 지목된 아이들의 부모님과 통화하는 것은 갈등을 부추길 뿐입니다. 작은 오해가 큰 오해가 되고, 어느 쪽이라도 방어적인 자세를 취하게 되면 사건 해결의 난도가 급격히 올라갑니다. 그러므로 먼저 신고한 학생, 신고의 대상이 된 학생, 크고 작게 연루된 모든 학생의 상황 진술을 눈에 보이는 '글'로 받아두고, 일치하는 부분들을 추려 상황을 설명할 준비를 해야만 합니다.

안내

학부모님들께 안내하는 단계입니다. 저는 사실 이 일로 학부모님들께 전화를 드리기 전에 심장이 떨려 심호흡을 해야 했습니다. 실제로도 가장 난도가 높으며, 새내기 선생님들에게는 더욱 두렵고 까다로운 단계일 것입니다.

가장 먼저 해야 할 일은 아이들에게 기회를 주는 것입니다. 오늘 방과 후에 학부모님들께 전화를 드릴 것이니, 놀라시지 않게 먼저 상황을 설명하라고 아이들에게 말했습니다. 학부모님들께도 마음의 준비를 하실 시간을 드리는 겁니다.

　우선 가해 학생의 부모에게는 아이를 혼내거나 처벌하는 것이 목적이 아니고, 아이가 잘못된 행동을 스스로 깨닫고 고칠 수 있는 기회를 제공하고, 더 바르게 자라도록 돕는 것이 목적이라는 것을 전해야 합니다. 아직 어리고 자아가 형성되는 중인 아이들이 실수하는 것은 자연스러운 일이지만, 지금 이 실수를 확실하게 바로잡지 않으면 시간이 지나 비슷한 상황에서 훨씬 더 나쁜 결과를 맞을지도 모르니, 지금 함께 힘을 합쳐 바로잡자고 말씀드리는 것이지요. 그러면 대부분의 학부모님은 수긍하고 신뢰해주십니다. 담임이 아이를 비난하고 잘못된 행동을 지적하기만 하면, 학부모님은 본능적으로 아이를 감싸려고만 할 것입니다. 그러나 담임 교사가 '아이의 바른 성장'이라는 같은 목표를 바라보고 있음을 깨닫는다면 학부모님도 협조적인 자세를 취해주실 것입니다.

　이렇게 목표를 공유한 상태에서, 학부모님께 현재 상황 및 가해 학생의 잘못된 행동을 '최대한 구체적으로' 전달해드리는 것이 좋습니다. 직접적으로 말씀드리기가 곤란하다는 것을 이유로, 말을 돌리거나 간접적으로 전달하면 학부모님이 아이의 잘못을 과도하게 크게 받아들이거나 반대로 너무나 대수롭지 않게 생각할 수 있다는 것이 선배 교사님들의 조언이었습니다.

저는 어머님들께 아이들이 단톡방에서 했던 발언을 여과 없이 들려 드렸고, 미리 양해를 구한 뒤 아이들이 내뱉었던 욕설까지 적나라하게 전달했습니다. 그렇게 해야만 학부모님들도 아이가 달라져야 한다는 것에 공감할 수 있고, 함께 힘을 합쳐 지도하자는 말에 협조하실 수 있기 때문입니다.

이때 중요한 것은 이 일이 담임이 아이에 대해 가지고 있는 근본적인 믿음과 사랑까지 파괴하지는 않았다는 사실을 알려드리는 것입니다. 아이들은 아직 어리고, 무엇이 옳고 그른지 완전히 파악하지 못하기에 그런 것이며, 이런 행동을 충분히 바꾸어나갈 만큼 마음이 바른 아이임을 안다는 것을 설명하고자 노력했습니다.

하지만 주의해야 할 것도 있습니다. 가해 학생 학부모님과의 통화에서 '학폭위로 넘어가지 않도록 지도하겠습니다' 혹은 '처벌을 받지 않도록 제가 만들겠습니다' '낮은 수위의 처벌이 나올 거예요'와 같은 말을 해서는 안 된다는 것입니다. 학교폭력대책심의위원회에 회부될지의 여부는 담임이 임의로 정할 수 있는 것이 아니며, 그곳에서 어떤 결정이 날지도 알 수 없습니다. 따라서 그런 말을 섣불리 전달하면 학부모님이 담임 선생님을 철썩같이 믿고 있다가, 생각과 다른 결과가 나왔을 때 공격의 화살을 돌릴 수 있습니다. 처벌 여부나 수위에 대해 학부모님이 먼저 물어오셔도 그에 대해 확언해서는 안 됩니다. 장차 서로를 불신하게 되는 결과를 초래할 수 있기 때문입니다.

한편 피해 학생의 학부모님과 통화할 때 가장 중요한 것은 사건 해결의 의지와 진행 상황을 명확하게 안내하는 것입니다. 처음 통화를 할 때는 학부모님의 마음을 먼저 위로해드려야 할 것입니다. 학부모님들은 이런 상황에서 아이가 혹여나 이 일로 인해 너무 큰 상처를 안고 학교생활을 하게 되지 않을까 하는 걱정이 매우 크십니다. 걱정스럽고 화나는 마음을 먼저 달래주시고, 아이의 마음을 먼저 걱정해주셔야 합니다. 따라서 "무엇보다도 가장 걱정이 되는 것은 하은이의 마음입니다. 하은이가 상처를 많이 받은 것 같아서 너무 걱정이 됩니다. 어머님도 많이 놀라셨죠?"로 시작하는 것이 좋습니다. 저는 이와 더불어 앞으로 가장 중요한 것은 아이가 다친 마음을 회복하고 다시 학교생활을 즐겁게 할 수 있게 하는 것이며, 담임으로서 할 수 있는 한 최선을 다해 문제를 해결하겠다고 의지를 전달했습니다. 이때도 역시 '강력하게 처벌하겠다'거나 '학폭위에 회부하지 않고 우리끼리 잘 해결했으면 좋겠다'는 말은 하지 않는 것이 좋습니다. 괜한 오해와 불신을 낳을 수 있기 때문입니다. 할 수 있는 선에서 최선을 다해 지도하겠다는 말이 가장 적절한 말이라고 생각합니다.

학교폭력 대처의 첫걸음인 이해와 안내에서 가장 중요한 것은 한마디로 '말조심'입니다. 빨리 문제를 해결하고 싶은 마음에 충분한 사전 검토 없이 말을 전달하면, 그것이 걷잡을 수 없이 상황을 악화시킬 수 있습니다. 저는 어디까지 이야기하는 것이 좋을지, 이런 말은 학부모님들께서 예민하게 받아들이실지 등을 주변 선생님들과 충분히 논의하고 실행에 옮겼습니다. 아이들에게 왜곡되지 않은 사실에 대한 진술을 얻어내려면 어떻게 이야기해야 하는지에 대해서도 충분히 묻고 도움을 받아 하나씩 실행에 옮겼습니다.

이렇게 사건을 다각적으로 이해하고 학생과 학부모님들에게 배려를 담아 안내하면 오해의 씨앗을 최소화하며 해결에 다가갈 수 있습니다.

이후의 상황은 다음 챕터에서 안내해드리도록 하겠습니다.

8 [학교폭력 대처법 2]## 지도하고 회복하다

    학급 내 폭력 상황이 발생했을 때, 사건을 종합적으로 이해하려고 노력하고 상세하고 세심하게 안내했다면 그것만으로도 훌륭한 기초 작업을 하신 겁니다. 학부모님이 앞으로 선생님의 노력에 협조적으로 참여하실 준비가 되어 있을 것이고, 피해 학생과 가해 학생 모두 우리 선생님이 최대한 문제를 합리적으로 해결하기 위해 애쓰고 있다는 것을 알 테니까요. 이런 상태에서 지도를 시작해야 합니다. 아이들의 행동이 잘못되었다는 것을 설명하고, 그것이 잘못이었다는 것을 진심으로 뉘우치고 행동을 수정할 수 있도록 도와야 합니다.

    더불어 이 일을 거치며 서로 받았을 상처를 치유하고 서먹해진 학급의 분위기를 다시 회복해야 할 필요가 있습니다. 지도와 회복을 위해 제가 시도했던 방법들을 소개하고자 합니다.

지도

요즘 교육학계에서는 '지도'라는 말 대신 '회복적 생활교육'이라는 말을 사용합니다. 회복적 생활교육은 잘못된 행동을 처벌하는 것보다 자신의 행동에 자발적 책임을 지도록 가르치며, 본질적으로 학교 구성원 간 관계의 질을 개선하고 사건으로 인한 피해와 관계 회복에 중점을 두는 생활교육을 의미합니다[McCluskey et al, 박희진(2016) 재인용].

저는 이것을 제 생활교육의 철학으로 삼았고, 처벌을 하기보다는 학생이 스스로 자신의 잘못된 행동을 반성하고 자율적으로 바른 생활을 영위할 수 있도록 노력했습니다.

이것이 아이들을 혼내지 않았다는 말은 아닙니다. 오히려 누구보다 확실하고 따끔하게 혼냈습니다. 저는 앞에서 언급했던 단톡방 사건의 가해 아이들에게, 그들이 했던 말과 행동들이 상대에게 그리고 그 톡방에 있었던 자신들 스스로에게 얼마나 나쁜 영향을 주는지 구체적으로 설명했습니다. 험담을 했던 여자아이에게 안 좋은 감정을 가질 수 있고, 다른 친구들과 분노를 나누고 싶은 감정까지는 이해하지만, 그런 감정을 어떻게 해소하느냐가 그 사람의 인성을 결정하는 것이라고 설명했습니다. 단톡방에서 여럿이 같이 험담을 하고, 사건과 상관없이 조롱하는 말까지 하며 킥킥대는 것은 그중에서도 가장 저급하고 추한 방식이라고 따끔하게 알렸습니다.

또 직접 참여하지는 않았지만 그런 상황을 방관하고 있던 아이들에게도 역시 잘못했다는 것을 지적했습니다. 한 사람이라도 그만하자고 이야기했으면 상황이 이렇게까지 악화되지 않았을 것이라고 이야기했습니다.

하지만 선생님의 목표는 너희를 단순히 처벌하는 것이 아니고, 우리 반에서 상처받은 마음을 가지고 생활하는 학생이 한 명도 없도록 하는 것이라고 전했습니다. 또한 너희들에게만 모든 책임이 있다는 말은 아니라고, 그 과정에서 너희들도 상처를 받았을 수 있음을 알고 있다고 말이지요. 그렇지만 그것을 풀어나갔던 방식이 명백하게 잘못되었고, 그런 잘못된 행동에 대한 책임은 분명히 져야 한다는 것을 전달했습니다.

이렇게 하면 아이들은 억울한 마음을 가지지 않고 제 지도에 수긍할 수 있습니다. 선생님이 자기들의 마음은 이해하지만, 행동이 잘못되었기 때문에 그것을 함께 바로잡고 싶어 한다는 것을 받아들일 수 있기 때문입니다.

저는 아이들이 다시금 비슷한 상황에 처했을 때 어떻게 행동해야 하는지도 명확히 알려주었습니다. 누군가에 대한 불만이 생기면 그것을 단톡방에서 조롱하며 이야기할 것이 아니라, 당사자에게 정돈된 말로 의사를 표현하거나, 그것이 통하지 않을 땐 담임 선생님인 저에게 도움을 요청해야 한다고 이야기했습니다. 그것이 분노를 푸는 바람직한 방법이며, 함께 상처받지 않고 살아갈 수 있는 성숙한 공동체 의식을 가진 사람이라고 말이지요.

또 아이들이 이 사건으로 빚어진 피해에 대해 명확히 인식하도록 하고, 이 상황을 회복하기 위해서 어떤 것들을 해야 하는지 스스로 고민해볼 시간을 주었습니다. 사과를 한다면 어떻게 해야 하는지, 사과를 하고 나서는 어떤 것들을 조심하며 학교생활을 해나가야 하는지 생각해보고, 자율적으로 스스로의 행동에 책임을 지며 살아갈 수 있도록 도우려 했습니다. 이후에는 아이들의 의견을 최대한 반영하여 피해 학생에게 사과할 시기와 방법을 함께 정했습니다.

이런 경우에는 피해 학생에 대한 생활교육도 함께 이루어져야 합니다. 피해를 받은 학생이 자신에게 원인이 있다고 생각하지 않도록 조심해야 합니다. 저는 아이에게 힘들어서 못 견디는 상황이 되기 전에 단호하게 거절하거나 의사를 표현하여 자신을 지킬 수 있는 방법을 구체적으로 이야기해주었습니다. 다만 이 단톡방 사건에서는 피해 학생이, 자신이 어느 정도 아이들의 '분노감'을 형성하는 데에 기여했다고 먼저 이야기했기 때문에, 서로 분노를 일으키는 행동을 하지 않아야 한다는 것을 조심스럽게 안내했습니다. 물론 그런 행동을 했다고 해도 단톡방에서 오갔던 조롱을 들을 이유는 전혀 없다는 것을 제시하면서 말입니다.

마지막으로는 그래도 저에게 신고하여 도움을 요청하고, 선생님이 잘 지도해줄 것이라고 믿어주어서 고맙다는 뜻을 전했습니다. 선생님이 최선을 다해 너의 상처가 회복될 수 있도록 도울 것이라고 안심을 시켜주기도 했습니다.

양측의 아이들에게 이렇게 생활교육을 하고 나면 아이들은 스스로의 잘못된 행동을 돌아보고 진심으로 뉘우치게 됩니다. 물론 어떤 아이들은 자신의 행동이 그렇게 잘못되지 않았다고 생각하기도 합니다. 아직 그것을 받아들일 만큼 마음이 성숙하지 못했기 때문일 것입니다. 그러나 그 행동이 왜 잘못되었는지를 선생님이 분명히 이야기하고 지적한다면, 그것은 아이의 머릿속에 남아 이후에라도 아이가 스스로 받아들일 준비가 되었을 때 영향을 발휘할 것이라고 생각합니다.

회복

마지막은 사건을 거치며 서먹해진 학생들 간의 관계를 자연스럽게 회복하기 위한 방법들을 실천하는 것입니다. 저는 우선 다자대면을 실천하였습니다. 저, 그리고 피해 학생, 가해 학생들이 모두 한자리에 모여 허심탄회하게 서로의 마음을 전달하는 시간을 가졌습니다.

그에 앞서 저는 이 자리가 누가 잘못했는지를 가리는 법정이 아니라, 우리가 함께 생활하는 공동체의 구성원으로서 어떻게 하면 누구도 마음 상하지 않고 더불어 살아갈 수 있는지를 함께 고민하는 자리임을 알렸습니다. 살다 보면 나랑 마음이 잘 맞는 사람만 있는 것이 아니고, 지금처럼 서로 부딪히고 삐걱거리는 것이라며, 이것을 어떻게 해결해 나갈 수 있는지를 배워야만 우리가 행복하게 앞으로의 삶을 살아갈 수 있다고 말입니다. 또 이 자리를 통해 우리는 서로의 마음을 더 깊이 이해할 수 있게 되고, 서로 배려하며 더 좋은 우리 반이 될 것을 믿어 의심치 않는다고 전했습니다. 선생님은 여기 모인 친구들 모두를 진심으로 사랑하며, 모두가 상처 없이 즐겁게 학교생활을 하기를 바란다고 솔직하게 털어놓았습니다.

이렇게 선생님이 먼저 부드러운 분위기를 만들어주면 아이들의 입에서도 서로를 상처받게 하는 말이 나올 확률이 적어집니다. 아이들은 자신이 왜 그런 행동을 했는지, 지금은 어떻게 느끼는지, 앞으로 어떻게 하고 싶은지를 이야기했고, 관계 회복에 대한 의지가 있음을 서로 공유했습니다. 다행히 모든 아이들이 협조적으로 대화에 참여해주었고, 조금은 서툰 방식으로 서로에게 접근했던 과거를 반성하고 더 행복한 우리 반의 미래를 다짐하며 대화가 마무리되었습니다.

이 회복적인 대화를 함께 하고 난 후 저는 우리 반 아이들 전체에게 제 마음을 전달했습니다. 자신의 잘못을 진심으로 뉘우친 아이들에게도, 마음을 열고 용서를 받아준 아이들에게도 진심으로 고맙다는 마음을 전했습니다. 우리는 모두 서툴기 때문에 이런 일이 일어날 수 있다고, 선생님도 미리 알았더라면 이런 일까지 없도록 사전에 노력했을 텐데 그러지 못해서 미안하다고 말입니다. 또 앞으로는 이런 일이 일어나지 않도록 선생님도 최선을 다할 것이고, 우리 반 모두가 함께 배려하고 노력했으면 좋겠다는 이야기도 했습니다. 남은 기간에는 우리 반에 서로를 아끼는 마음이 가득하게 만들자고 말이지요.

아이들은 제 말에 하나둘 방긋 웃어 보이기 시작했습니다. 저는 마지막 하이라이트로 아이들에게 간식을 쐈습니다. 사실 경직된 분위기를 푸는 데는 맛있는 간식만큼 좋은 게 없는 듯합니다. 맛있는 떡볶이를 함께 나눠 먹으며 아이들은 하나둘씩 웃음을 되찾았고, 어색해졌던 아이들 사이에 농담이 오가기 시작했습니다. 다시 온기가 조금씩 도는 우리 반의 모습을 지켜보며 저는 가슴 깊은 감동을 느꼈습니다. 그리고 이 일을 계기로 아이들이 서로를 배려하는 것이 얼마나 중요한지 깨닫고, 문제가 발생했을 때 서로의 마음을 어루만져주는 방법을 배웠기를 바랐습니다.

제가 대처한 방식이 정답은 아닐 것입니다. 또 모든 상황에서 적용될 수도 없겠지요. 하지만 처음 학교폭력에 대처하는 선생님께는 조금이라도 길잡이가 되어주기를 바랍니다.

9 아이들은 스스로 해결할 힘이 있다

아직 미숙한 아이들을 보면 답답한 경우가 많습니다. 그래서 열정에 넘치는 저 같은 신규 선생님들은 아이들의 자잘한 잘못까지도 발 벗고 나서서 해결해주고 싶은 의욕에 사로잡힙니다. 예전에 저는 가위바위보 놀이를 하다 기분이 상한 아이들 사이에 끼어들어, 너는 이것을 잘못했고 너는 이것을 잘못했으니 서로 사과하라며 중재를 하고서는 오늘도 우리 학급의 평화에 기여했다는 뿌듯함에 취하기도 했습니다. 마음을 다잡지 못하고 방황하는 한 아이에게는 볼 때마다 귀에 딱지가 앉을 만큼 잔소리를 하고 다그치기도 했고요. 혼자서는 마음을 잡고 바르게 생활할 실천력이 없어 보였거든요. 그리고 이것은 신규 교사의 순수한 마음에서 비롯된 행동이겠지요.

그러나 이는 사실 아이들을 믿지 못하는 마음에서 나오는 것이기도 합니다. 선생님들은 아이들이 스스로 갈등을 해결할 수 있는지, 문제 상황을 타개하려는 힘을 가지고 있는지 의심스럽습니다. 그래서 아이에게 하나부터 열까지 가르쳐주고 싶은 마음을 억누를 수 없는 것입니다. 내가 말한 대로만 하면 잘 될 텐데 싶어 잔소리와 간섭을 멈추지 못합니다.

아이들에게 무관심한 것보다는 어쩌면 나을지도 모르지만, 그런 상황에서 아이들은 영영 자기 중심을 찾지 못할지도 모릅니다. 이렇게 되면 교사도, 학생도 힘들어집니다. 학생은 모든 문제 상황에 선생님을 찾게 되고, 교사는 모든 문제 상황에 개입하려다 결국은 지치게 되어 의욕을 상실합니다. 말을 듣지 않는 아이들에게 배신감과 답답함을 느껴 화병이 날지도 모르는 일입니다.

교사와 학생이 모두 편안해지는 길은 바로 아이들에게 스스로 문제를 해결할 힘이 있다는 믿음을 주는 것입니다. 물론 아이들은 아직 행동하는 방식이나 표현하는 방식에서 미숙한 부분이 있습니다. 하지만 일상생활에서 부딪히는 자잘한 갈등을 풀어나갈 능력을 충분히 가지고 있으며, 혹여 부족하더라도 그것은 시행착오를 겪으며 반드시 '스스로' 배워야만 합니다.

따라서 교사는 즉각적으로 개입하여 아이들의 갈등을 해결해주는 사이다 같은 해결사가 되어서는 안 됩니다. 조금 진행이 더디더라도 참을성을 가지고 아이들이 스스로 판단하고 행동하면서 문제를 해결하도록 도와주어야 합니다. 젓가락질이 서툴어서 음식을 자꾸 흘리는 모습이 답답하다고 해서 계속 떠먹여주면, 스스로 젓가락질하는 방법을 영영 배우지 못하게 될 것입니다. 아이들이 스스로의 힘으로 잘 살아갈 수 있도록 키워내는 것이 공교육의 목적이기 때문에, 우리는 아이들을 믿고 기다려주어야 합니다.

저도 처음에는 아이들의 문제를 즉각 해결하려고 팔을 걷어붙였지만, 아이들이 점점 저에게 의존하는 것을 느끼고 안 되겠다 싶어 작전을 바꾸었습니다. 아이들이 갈등 상황에 부딪혀 저를 찾아오는 경우에는 딱 두 가지만 하려 했습니다.

우선 아이들의 '감정'을 달래주고 이해해주는 것입니다. 아이들은 갈등 상황 속에서 당황스러움과 막막함, 속상한 감정에 압도되곤 합니다. 그리고 감정에 압도되면 갈등을 해결하기 위한 실질적인 방법을 생각해내기가 쉽지 않습니다. 따라서 감정을 객관적으로 직시하고 그것으로부터 조금 벗어날 수 있도록 아이들의 마음을 공감해주어야 합니다. "하은이가 그런 상황에 놓여서 많이 당황하고 속상했겠구나. 네 마음은 그게 아니었을 텐데. 그래도 그 자리에서 화내지 않고 선생님을 찾아와준 것이 정말 대단하고 자랑스럽구나"와 같은 말로 아이의 마음을 어루어만져주시면 됩니다. 이렇게 하면 아이들은 별다른 해결책을 제시해주지 않아도 조금 마음이 누그러지며 평온해지게 됩니다.

스스로 문제를 해결하는 방법을 터득하기 위해 가장 중요한 것은 다음 단계입니다. 바로 '옆구리를 찌르는 질문'입니다. 저는 아이들에게 그 상황에 대해서 가장 잘 아는 것은 너 자신이라고 이야기하며, 그 문제를 해결하려면 어떤 방법이 가장 좋을지 물어봅니다. 그러면 아이들은 더듬거리면서도 자신이 생각하는 해결책을 이야기합니다. 이때 아이가 터무니없는 해결책을 제시한다 해도 무시하거나 쉽게 웃음을 보이면 안 됩니다. 그저 그 방법의 장단점이 무엇인지 차분히 말해보라고 하는 것이 좋습니다. 그러면 아이들은 조금씩 자신의 생각을 정리할 것입니다. '이 방법은 이래서 좀 망설여지고, 저 방법은 이래서 좀 별로인 것 같고……' 하면서 확신 없는 생각들을 나열하겠지요. 그러면 교사는 명백하게 잘못되었거나 지나치게 극단적인 생각만을 교정해주면 됩니다.

예를 들어 어떤 선택을 하면 '인생이 망할' 것 같다고 말하는 아이들이 있습니다. 그런 아이들에게 그렇지 않다고, 이렇게 하든 저렇게 하든 그 안에서 최선을 다하면 네가 생각하는 것만큼 최악의 결과는 찾아오지 않을 것이라고 안심시켜주어야 합니다. 이렇게 각각의 선택지에 대한 극단적인 생각을 교정해주고 나면, 아이들은 조금씩 자신의 생각을 정리해나가기 시작합니다.

교사가 이 두 가지만 실천해도 아이들은 대부분의 고민을 스스로 해결하는 방법을 찾아갑니다. 이런 방법은 아이들 간의 갈등 상황 이외에도 다양한 경우에 적용할 수 있습니다. 친구들 간의 갈등을 중재하다가 지쳐서 찾아온 아이, 고등학교 선택에 대한 고민이 많은 아이, 체력이 떨어져 수업에 집중이 힘든 아이, 다른 반에 좋아하는 친구가 생긴 아이 등 다양한 상황에 놓인 아이들에게 '공감'해주고 '옆구리를 찌르는 질문'을 하면 스스로 해결책을 찾아갑니다. 그것이 만일 실패로 돌아갈지라도, 교사가 나서서 모든 일을 해결해주는 것보다는 아이들에게 유의미한 경험이 됩니다.

학교에서는 실제로 아이들이 스스로 해결할 수 있는 자잘한 갈등이 대부분이지만, 어떤 경우에는 저도 아리송하게 느껴질 때가 있습니다. 아이들이 혼자서 문제를 해결하기에는 너무나 지쳐 있거나 힘들어하는 경우가 있기 때문입니다. 이럴 때 저는 "선생님은 하은이가 문제를 스스로 해결할 수 있는 힘이 있다고 믿어. 그렇지만 네가 도움을 청하면 언제든 선생님이 도울 수 있어. 우선 조금만 더 시도해보고, 그래도 너무 힘이 들면 그때는 꼭 선생님에게 개입을 부탁해줘"라고 이야기했습니다. 그러면 대부분은 안정감을 느끼고, 우선 혼자 해보겠다고 합니다. 일단 누군가가 나를 지지해주고 있다는 것, 나의 힘을 인정해준다는 것, 관심을 가지고 지켜봐준다는 것, 그리고 무엇보다 혹시 자신이 실패하더라도 도움을 요청할 사람이 있다는 사실을 알게 되므로, 따뜻한 안정감을 느끼고 자신감 있게 학교생활을 해나갈 수 있는 것입니다.

담임 선생님이 아이들에게 줄 수 있는 가장 큰 것은 바로 이 '안정감'일 것입니다. 그리고 시원하게 해결책을 제시해주는 것이 아니라, 아이 스스로 문제를 해결해볼 기회를 주는, 그래서 자신감을 가질 수 있게 해주는 교사가 좋은 교사라고 생각합니다.

앞으로도 저는 아이들이 스스로의 힘을 믿게 되기를 바라며, '아이들은 스스로 문제를 해결할 힘이 있다'는 신념 아래 학급을 운영해나가려 합니다.

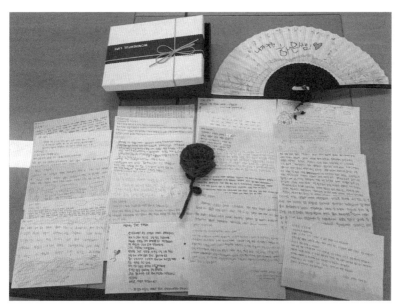

아이들은 생각보다 더 마음이 깊습니다. 따뜻한 마음을 전했던 아이들의 편지.

나는 1년 차 교사입니다

우리들의 수업,
이대로 괜찮을까?

4

1 살아 있는 수업은 관계가 만든다

　임용고시 면접 준비를 할 때 저는 이런 질문을 만났습니다. "친근한 교사와 수업을 잘하는 교사 중 하나를 택한다면, 무엇을 택할 건가요?"

　저는 교사가 되기 전에는 큰 망설임 없이 후자를 택하는 사람이었습니다. 학부생 시절부터 교사에게는 결국 수업이 가장 중요하고, 수업에서 전문성을 확보해야만 권위가 부여되고 아이들과의 관계도 바르게 확립된다고 믿었기 때문입니다. 수업을 잘해야만 아이들이 좋아할 것이라고, 즉 수업 전문성이 아이들과의 관계에 바탕이 된다고 생각한 것입니다. 물론 지금도 수업 전문성이 중요하다는 생각은 같습니다. 하지만 무엇이 더 중요하느냐에 대한 생각이 바뀌게 되었습니다.

제가 짧은 학교생활에서 느낀 것은, 학교 수업에서는 아이들과의 관계가 가장 중요하다는 것입니다. 물론 수업을 잘하면 아이들에게 인정받을 수 있습니다. 여기서 수업을 잘한다는 것은 교육적으로 훌륭한 활동을 디자인하는 것, 아이들의 인지적 능력에 맞게 과학적으로 수업을 설계하는 것, 유려한 설명으로 아이들에게 지식을 효율적으로 전달하는 것을 말합니다. 하지만 이 모든 요소들이 제 힘을 발휘하기 위한 가장 중요한 전제는 '학습자가 의욕을 가지고 자발적으로 참여하려고 해야 한다'는 것입니다.

　저는 바로 이런 학습자들의 의욕과 자발성이 선생님과의 관계로부터 시작되고 유지된다고 믿습니다. 아이들이 교사와 좋은 관계를 가지고 있으면, 즉 아이들이 교사에 대한 믿음이 있으면 일단 수업에 참여하려는 의욕을 가지게 되고, 자발적으로 수업 내 과제에 참여하겠다는 마음을 가지게 됩니다. 반대로 아이들이 수업을 하는 선생님과 정서적으로 거리가 멀다고 생각하거나, 선생님이 아이들을 진심으로 위하지 않는다는 생각이 들면, 아무리 귀에 쏙쏙 들어오는 수업이라도 참여하고자 하는 의지가 생기지 않습니다. 즉 자발적 참여가 이루어지기 힘들다는 것입니다.

　수업 기술이 훌륭해서 아이들이 참여한다 해도, 관계가 빠진 수업은 의욕을 유지시키기 어렵습니다. 학기 중반이 지나고 지쳐갈 때가 되면, 아이들은 이미 에너지가 떨어져 있기 때문에 아무리 좋은 설명이라도 듣고자 하는 마음을 가지기 힘듭니다. 반면 선생님과 아이들이 서로를 신뢰하고 따뜻한 애정을 가지고 있는, '관계'가 살아있는 교실이라면 따뜻한 분위기와 화기애애한 미소가 그 의욕을 다시 살려줍니다. 즉, 교사와 학생 간의 관계가 한 학기의 수업을 끈기 있게 죽 끌고나갈 수 있는 원동력이 되어주는 것입니다.

하지만 하나 주의할 것은 관계'만'이 수업의 원동력은 아니라는 것입니다. 관계가 좋다고 해서 모든 수업이 잘 이루어지는 것은 아닌 것이지요. 아이들이 교사에 대한 신뢰와 애정을 가지고 있는 관계가 바탕이 되어, 그 위에 수업 전문성이 얹어져야 합니다. 자발적으로 수업에 참여했을 때 그 수업이 나 자신에게 이득이 되고 도움이 된다는 생각이 들어야만 참여 의지가 강화됩니다. 선생님이 좋아서 수업에 참여해보았는데 생각만큼 잘 이해가 되지도 않고 얻어가는 게 없다고 느낀다면, 아이들의 자발적 참여 의지는 곧 사그라들고, 쉬는 시간에만 살가워지는 모습을 보게 됩니다. 따라서 아이들이 의지를 가지고 참여했을 때, 교사는 잘 만들어진 수업으로 확실하게 보상하고 강화해주어야 합니다. 즉 수업에 참여하는 아이들의 행동에 대한 강화는 실제로 수업 전문성이 큰 역할을 합니다.

그렇지만 아이들이 여러 가지 이유로, 예를 들어 체력 저하로 의욕이 시들시들해지거나 개인적인 고민들로 공부에 투자할 에너지가 남아 있지 않은 순간, 시험 점수에 대한 흥미가 떨어져 해당 과목을 놓고 싶어지는 순간에 의욕의 불씨를 다시 살려줄 수 있는 것은 교사와의 관계뿐이라고 생각합니다.

"자지 말고 일어나라", "그만 얘기하고 같이 해보자", "이제 집중해서 수업에 참여하자"라는 말이 듣기 싫은 잔소리처럼 들리지 않으려면 선생님에 대한 믿음이 필요합니다. 선생님이 나의 성장을 진심으로 응원하고 우리를 위해 노력해준다는 믿음이 있어야 아이들은 힘겹게라도 굽혔던 허리를 펴고, 잡담을 멈춥니다. 선생님이 하는 말을 완전히 흘려 듣고 반항하기에는 학생도 선생님과의 관계를 유지하고 싶기 때문입니다. 따라서 아이들과의 관계를 잘 유지해놓으면 적은 힘으로도 엎어져 있는 아이들을 일으켜 세울 수 있고, 지치는 학기 말까지 수업에 열심히 참여하도록 할 수 있습니다.

그렇다면 이렇게 좋은 관계가 살아있는 수업을 위해서 교사들은 어떻게 해야 할까요? 제가 시행착오를 거치며 터득했던 방법은 다음과 같습니다.

첫째, 과장되고 구체적인 리액션입니다. 얼어붙은 학기 초, 제가 건넨 질문에 누군가 대답을 해주었을 때 저는 최선을 다해 리액션을 해줍니다. "연호야! 이런 분위기에서 용기 있게 발표할 수 있는 건 진짜 멋있는 건데, 넌 진짜 용감한 아이구나. 크~"라고 하며 활짝 웃어줍니다. 영단어의 의미를 물었는데 누군가 맞추었다면 "오, 준호야. 너 이거 어떻게 알았어? 선생님이 중딩 때는 몰랐던 단어인데. 쌤보다 낫구나야!"라며 엄지를 척 들어줍니다. 평소 의욕이 없어 보이던 학생이 열심히 수업에 참여할 때는 정말 감동한 듯한 눈빛으로 "상엽아, 오늘 선생님 수업 왜 이렇게 잘 들어? 진심으로 감동이당⋯⋯"이라고 마음을 전합니다. 이때 중요한 것은 어떤 행동을 콕 집어 이야기해주는 구체성과 실제 느낀 감정을 두 배로 부풀려 표현해주는 '오버'입니다. 이렇게 칭찬해주면 생각보다 순수한 우리 아이들은 선생님의 구체적이고 과장된 칭찬에 어깨가 으쓱해지고 입꼬리가 씩 올라갑니다.

제가 두 번째로 사용했던 방법은 '억울함 해소해주기'입니다. 수업 중에는 아이들이 억울함을 호소하는 일이 자주 생깁니다. 누군가 잡담을 하는 것 같아서 "선민아, 조용히 해"라고 얘기했는데, 선민이가 "저요? 제가 말한 거 아닌데요"라고 억울함을 호소하는 경우가 있습니다. 어떤 선생님들께서는 이런 아이들의 말을 못 들은 척 넘어가거나, "네가 한 것 맞잖아, 조용히 해"라며 의견을 굽히지 않기도 합니다. 저도 처음에는 이렇게 고집을 부리곤 했습니다. 학생이 거짓말하는 것일 수도 있다는 이유 없는 불신이 있기도 했고, 다른 아이들 앞에서 판단을 잘못 내렸다고 인정하는 것이 교사로서 체면이 서지 않는다고 생각했기 때문입니다.

하지만 교사는 한 명이고 아이들은 스무 명이 넘다 보니, 때로는 아이들의 목소리나 행동을 충분히 혼동할 수 있습니다. 아이들이 진짜 억울할 수 있다는 것이지요. 아이들은 억울한 것을 제일 싫어합니다. 그래서 자신이 하지 않은 일에 대해 꾸중을 들으면 쉽게 관계가 틀어지게 됩니다. 저는 이럴 때 아이들의 말을 진심으로 들어보려 합니다.

"선생님이 착각한 거니? 선생님 귀에는 선민이 쪽에서 선민이 목소리가 난다고 생각해서 그렇게 말했는데, 정말 아닌 거면 솔직하게 이야기해주렴"이라고 얘기합니다. 아이가 솔직하게 얘기한다고 생각되기 전까지는 미리 미안해하거나 화낼 필요는 없고, 차분하되 단호한 목소리로 말하면 됩니다. 그러면 보통 아이들은 "진짜 저 아니에요"라며 진심 어린 목소리로 호소할 겁니다. 그러면 쿨하게 사과해주시면 됩니다.

"그래, 선민이가 선생님한테 아무 이유 없이 거짓말을 할 리는 없을 테니 쌤이 잘못 판단했나 보다. 억울한 마음이 들었다면 미안해"라고 얘기합니다. 그러나 혹시 억울함을 호소하는 과정에서 아이가 예의 없는 행동을 했다면 그 점에 대해서는 단호하게 지적을 해주어야 합니다.

"그런데 선민아, 선생님이 착각할 수도 있는 건데 너무 공격적인 표정과 말투로 얘기해서 선생님은 기분이 조금 상했어. 이 점에 대해서 선민이도 사과해줄 수 있겠니?"라고 말이죠. 차분하고 논리적인 말이기에 아이들도 보통 "죄송합니다"라고 곧바로 사과하게 됩니다.

이렇게 아이들의 얘기를 진심으로 들어주고, 서로 잘못한 지점에 대해서 사과한다면 관계가 틀어지지 않습니다. 다만 억울한 일을 만든 것에 대해서는 교사도 확실하게 사과를 해야 합니다. 하지 않은 일에 대해 혼이 나는 것만큼 화나고 억울한 일은 없으니까요. 이처럼 교사는 촉각을 곤두세우고 올바른 판단을 하기 위해 노력해야 하는 고된 직업이기도 합니다.

세 번째, 혼을 낼 때에는 사랑을 담아 혼낸다는 인상을 줍니다. 수업을 하다 보면 교실 전체가 집중력을 잃고 소란스러워지거나, 몇몇 아이들이 과도한 장난을 친다거나 하는 등 아이들이 수업 내의 규칙을 어기고 잘못된 행동을 하는 경우가 있습니다. 이럴 때에는 '혼을 낼' 필요도 있습니다. 엄격하고 단호하게 혼내되, 그 안에 사랑과 위하는 마음이 있음을 넌지시 드러내야 합니다.

예컨대 한 반 전체가 수업에 집중하지 못하고 조만간 있을 체육대회 이야기로 계속해서 떠드는 상황을 가정해봅시다. 이때 교사는 아이들에게 "그만 떠들라고 몇 번을 이야기해? 감히 선생님 말을 무시해? 예의도 없니 너희는?"이라고 무섭게 윽박지를 수 있습니다. 그러면 분위기가 싸해지고 일순간 아이들이 조용히 하는 것처럼 보이죠. 하지만 이렇게 윽박지르는 순간 아이들의 감정은 상하고, 선생님의 사랑도 느낄 수 없습니다. 기분이 상해서 입을 다물게 되는 것입니다. 저는 이럴 때는 이렇게 말하는 것이 더 효과적이라고 생각합니다.

"얘들아. 선생님이 조용히 하라고 몇 번이나 주의를 줬는데도 똑같구나. 체육대회로 들뜨고 신나는 마음은 이해한다. 하지만 지금은 영어 수업 시간이고, 선생님이 수업을 열심히 준비해왔는데 너희가 집중하지 않아서 속상하구나. 집중하자고 얘기했는데도 달라지지 않는 모습을 보니 너희가 선생님 마음을 몰라주는 것 같아서 열심히 하고 싶은 마음이 사라지고 있어. 선생님이 정말 좋아하는 8반 수업이라 아주 기분 좋게 교무실에서 올라왔는데……."

이렇게 솔직하게 이야기하고, 그 반을 좋아했는데 실망한 듯한 인상을 주면 아이들은 왠지 굉장히 잘못한 것 같고, 수업을 잘 들어 선생님의 마음에 보답하고 싶은 느낌을 받게 됩니다. 그저 혼이 나서 입을 다물게 되는 것이 아니라 진심으로 수업에 참여해야겠다는 자발적인 다짐을 하게 되는 것이지요.

이렇게 아이들을 '사랑한다는 생색을 내며' 혼을 내면 신기하게도 혼을 내고 혼이 나면서 서로 더 가까워지게 됩니다.

위와 같은 세 가지를 수업에서 실천하자 놀랍게도 수업을 할수록, 또 갈등 상황을 겪을수록 아이들과의 관계가 돈독해진다는 느낌을 받았습니다. 아이들과 관계가 좋아지면 수업 내에서도 호흡이 점점 잘 맞아간다는 느낌을 받게 되고, 그러면 저도 신이 나서 수업을 하게 되는 선순환이 시작됩니다. 때로는 과장되고 구체적인 칭찬으로 아이들을 신나게 해주고, 억울한 점이 생겼을 때는 적극적으로 풀어주고, 잘못한

수업에 열중하는 아이들.

일에 대해서는 따끔하게 사랑을 담아 혼내줌으로써 아이들과의 관계가 살아 숨 쉬는 따뜻하고 애정 있는 수업을 유지해나갈 수 있습니다.

수업이 왠지 마음대로 흘러가지 않는 것 같다면, 열심히 준비한 수업을 아이들이 잘 따라와주지 않는 것 같다면 아이들과의 관계를 다시 한번 생각해보는 것도 좋을 것입니다. 내가 준비한 것들에 집중하느라 아이들의 마음을 어루만져주지 못하고 있는 건 아닐지, 아이들이 자발적으로 수업에 참여하려는 의지를 가질 수 있게 하는 믿음과 애정을 만드는 데 너무 적은 시간을 투자한 것은 아닌지도 돌아보면 좋겠습니다.

2 에너지가 넘치는 아이들을 대하는 자세

저는 첫해에 전체적으로 시끄럽고 공부에 관심이 없는 분위기의 학년을 맡았습니다. 처음엔 정말 적응하기가 힘들었습니다. 5분에 한 번 꼴로 일어나 화장실에 가겠다고 하지를 않나, 수업 시간에 갑자기 일어나 교실 반대편 아이의 책을 뺏으며 장난치지를 않나, 끊임없이 수업에 상관없는 질문을 던지며 흐름을 끊어버리지 않나……. 야심차게 수업을 준비해가도 정말 시끄럽게 떠들고 집중하지 않는 어느 반에서는 준비한 활동의 절반도 채 끝내지 못하고 수업을 마친 적도 몇 번 있었습니다.

그런 상황에서 처음에는 아이들이 나를 얕보는 건 아닌가 하는 생각에 자존심이 많이 상했고, 내 수업에 어떤 문제가 있을까 끊임없이 자책하기도 했습니다. 내가 좋은 수업을 하면 아이들이 떠들지 않고 모두 집중할 거라고 생각했던 것이지요. 혼자 머리를 싸매도 해답이 나오지 않고 답답해서 주변 선생님들께 하소연도 하고, 어떻게 하면 좋을지 여기저기 물어보기도 했습니다. 그런데 그러면서 조금씩 제 생각이 변화하기 시작했습니다.

아이들이 운동장에서 축구를 하는 장면을 본 적이 있으신가요? 방과 후 삼삼오오 모여 떡볶이를 먹으며 좋아하는 아이돌 얘기를 하며 소리를 지르는 모습을 본 적은 있으신지요. 저는 그런 장면을 볼 때마다 생각합니다. "그렇지, 아이들은 저렇게 폭발적인 에너지를 가지고 있는 시기이지."

지금 생각해보면 '개구리 올챙이 적 생각 못한다'라는 말이 딱 맞구나 하는 생각이 듭니다. 지금의 저는 집중해야 할 때는 집중력을 발휘할 수 있고, 차분해야 할 때는 차분하게 있을 수 있게 되었지만, 제가 중학생이던 시절을 떠올리면 천방지축 말괄량이 그 자체였습니다. 수업 시간에 옆자리 친구들과 킬킬대며 라면을 부수어 먹기도 하고, 쉬는 시간에는 친구의 옆구리를 세게 쿡 찌르고는 '나 잡아봐라' 하며 복도를 뛰어다니기도 했습니다. 또 빅뱅의 열혈 팬이었던 저는 쉬는 시간에 알게 된 빅뱅 멤버의 부상 소식에 닭똥 같은 눈물을 뚝뚝 흘리며 우리 오빠 어떡하냐며 세상이 무너질 것처럼 소리를 지르고 슬퍼하기도 했죠. 어쩌면 그렇게 다방면으로 에너지가 넘쳤는지, 그 와중에 공부를 했던 것이 신기할 지경입니다.

사실 청소년기의 아이들은 넘쳐나는 에너지를 지닌, '시끄러운 게 정상인' 아이들입니다. 수업 시간에 집중을 하는 것이 오히려 대단한 일이요 감사한 시기입니다. 해보지 못한 것이 많아 호기심이 흘러넘치는 데다가, 쌩쌩한 체력이 그 호기심에 부스터가 되어줍니다. 장난을 치고 싶은 마음이 올라오면 그것을 즉각적으로 해소하고 싶은 것이 자연스럽습니다. 넘쳐나는 에너지를 주체하기 힘든 것이지요.

체육 시간과 쉬는 시간에 아이들 팔다리의 진폭과 목소리의 데시벨을 관찰해보시기 바랍니다. 에너지를 마구마구 쏟아내는 아이들을 가만히 보고 있노라면 내 수업 시간에 그 정도 집중력을 보여주는 것이 고마워지기까지 합니다. 아이들이 시끄러운 건 교사인 내가 잘못해서, 혹은 나를 싫어해서라기보다는 단지 그것이 아이들의 자연스러운 상태이며 본성에 가까운 상태이기 때문입니다.

그러니 수업 시간에 시끄럽다는 생각이 든다면 과도하게 자신의 수업 능력을 의심할 필요도 없고, 아이들을 천하의 나쁜 악마들로 규정할 필요도 없습니다. 아이들이 일부러 내 기분을 상하게 하고 싶어서, 나를 당황하게 하려고 떠드는 것도 아닙니다. 그냥 본능에 충실한 것일 뿐입니다. 단, 그 끓어오르는 본능을 억제하지 못하고, 자신들의 행동이 선생님을 힘들게 만든다는 사실을 마음 깊이 인식하지 못한 것이지요. 그러므로 그저 아이들이 본능처럼 가지고 있는 폭발적인 에너지를 붙잡아둘 만큼의 자잘한 지도 기술을 우리가 아직 갖추지 못한 것뿐입니다.

그렇지만 아이들이 떠드는 것이 정상이라고 해서, 떠드는 것을 그냥 두어야 한다는 의미는 아닙니다. 수업 시간에 집중하지 못하고 시끄럽게 떠드는 아이들은 통제해야만 수업을 원활히 진행할 수 있고, 그 아이의 학습을 돕기 위해서라도 교사는 떠드는 아이들을 제어해야만 합니다. 간단한 몇 가지의 수업 장치로도 떠들고 싶어 하는 아이들의 에너지를 조금 진정시킬 수 있습니다. 아이들의 이 폭발적인 '떠들고 장난치고 싶은 에너지'를 붙잡아둘 수 있는 기술은 선생님마다 다른데, 여기에서 그중 몇 가지를 소개하고자 합니다.

가장 쉬운 것은 사실 '초장에 잡는 것'이겠지요. 이것은 학기 초반에 사용할 수 있는 방법으로, 처음에 아이들이 수업에 집중하지 못하고 소란스러운 모습을 보일 때 약간의 정색과 단호한 말을 통해 내 수업 시간에 떠드는 것은 허용되지 않는다는 인식을 주는 것입니다.

이것은 생각보다 중요합니다. 아이들의 소란이 감당 가능한 수준이라고 생각해서 허용해주다 보면 점점 더 걷잡을 수 없이 소란스러워지는 상황이 될 수 있으니까요. 따라서 미리 기준을 정해두는 게 좋습니다.

저는 '선생님이 말할 때는 말하지 않기,' '수업 시간과 관련 없는 말에는 대답해주지 않고 쉬는 시간에 이야기하자고 단호하게 이야기하기', '다른 친구들을 방해할 만큼 큰 소리로 대화하지 않기'라는 세 가지를 원칙으로 했습니다. 제가 말하는 동안 누가 이야기를 하면 말을 멈추고 "진우야, 선생님이 이야기할 때는 오디오가 겹치지 않게 해주세요"라고 단호하게 이야기하고 말을 이어갔습니다. 또 수업 시간과 관련 없는 질문을 던질 때는 "유진아, 그 얘기는 지금 영어 수업과는 상관이 없으니 쉬는 시간에 다시 얘기하자"라고 답했습니다. 두 친구가 서로 얘기하느라 모둠원 친구들이 방해를 받는 것 같으면 수업을 잠시 멈추고 "유정이랑 민진이 때문에 옆에 앉아 있는 친구들이 선생님 말을 제대로 못 들었어. 다른 친구들을 방해하고 수업의 흐름을 끊을 수 있는 행동을 해선 안 돼. 조용히 하자"라고 이야기했습니다.

이렇게 학기 초에 아이들에게 원칙을 인식시키고, 그것을 일관되게 지키는 모습을 보여주면 한 학기 정도는 아이들이 과하게 떠들지는 않을 것입니다. 하지만 학기 중반에 이미 시끄러워진 교실을 정상화하기 위해서는 다음과 같은 자잘한 기술부터 시도해보면 좋을 것 같습니다. 제가 실제로 첫해 중반부터 사용한 방법입니다.

첫째는 '조용해질 때까지 기다리기'입니다. 많은 선생님이 아이들에게 조용히 하라고 소리를 치고 윽박지릅니다. 그런데 처음에 많이 저지르는 실수는, 조용히 하라고 한 뒤 조금 상황이 나아진 것 같으면 바로 수업을 시작하는 것입니다.

하지만 "조용히 해!"라고 이야기를 했다면 실제로 '모든 아이들이' 그 지도를 인식하고 이행하도록 기다리는 시간이 필요합니다. 아이들이 하던 일을 멈추고 입을 다물고 선생님을 바라볼 때까지 기다리셔야 합니다. 다들 조용해지고 집중할 수 있는 환경이 만들어지면 그때 별다른 코멘트 없이 수업을 시작하시면 됩니다. 그리고 나서 다시 아이들이 소란스러워지면 다시 기다립니다. 처음에는 흐름이 자꾸 끊기고 시간이 막 흘러가는 것 같아 불안하겠지만, 이렇게 몇 번 반복하면 아이들이 스스로 떠드는 것을 제어하게 됩니다. 이것만으로도 저는 힘을 들이지 않고도 엄청난 개선 효과를 보았습니다.

그런데 아이들이 정말 들떠 있거나 장난기가 많은 아이들이 몰려 있는 반에서는 이마저도 통하지 않을 때가 있습니다. 그때 사용할 수 있는 방법은 '암호 정하기'와 '침묵의 시간 갖기'입니다.

암호 정하기는 아이들과 미리 약속을 하는 겁니다. 예를 들면 선생님이 정말 참기 힘들 때는 크게 5초를 세겠다고 합니다. 그리고 그 사이에 조용히 하기로 약속하면, 이후에 아이들은 왠지 지키지 않으면 안될 것 같은 압박감을 받게 됩니다.

하지만 이것도 통하지 않을 때 제가 사용하는 방법은 침묵의 시간을 주는 것입니다. 떠드는 소리가 과도하면 수업을 멈추고 아이들을 가만히 지켜보십시오. 2분이든 5분이든 모두가 조용해질 때까지 끈기 있게 기다리는 게 중요합니다. 조용해지면 선생님은 그냥 아무 말도 하지 말고 아이들 눈을 하나하나 응시하며 침묵을 지키십시오. 아이들은 답답해하겠지만 쉽게 그 침묵을 깨지는 못합니다. 에너지가 넘치는 아이들에게 침묵의 시간만큼 답답한 것은 없기 때문에 이 시간이 아이들에게는 꽤나 큰 고통으로 다가옵니다. 지나치게 떠들고 선생님의 지도에 응하지 않으면 뼈저리게 힘든 침묵의 시간을 감내해야 한다는 것을 알게 되면, 아이들은 조용히 하라는 선생님의 말에 꽤 빠르게 반응하게 됩니다.

침묵의 시간을 끝낼 때는 화를 내기보다는 솔직히 감정을 표현합니다. 주저리주저리 이야기하는 것보다는 짧고 굵게 표현해주시는 게 좋습니다. 조용히 하라고 이야기해도 듣지 않는 모습이 받아들이기 힘들었다고, 최소한의 예의는 서로 지키면서 수업을 만들어나갔으면 좋겠다고 말하고, 잠깐의 침묵 시간을 다시 가진 뒤 수업을 재개하시면 됩니다. 저는 이렇게 해서 생각보다는 짧은 시간(길어야 5분이더군요) 안에 차분한 분위기로 다시 수업을 이어갈 수 있었습니다.

이런 방법들을 사용하면 아이들도 떠드는 것이 어느 수준을 넘어가면 선생님이 허용하지 않는다는 것을 알고 그에 대한 감을 키우게 되고, 그 선을 지키기 위해 노력하게 됩니다.

이렇게 생각보다 단순한 위의 세 가지 방법으로 떠드는 행동은 제어가 됩니다. 물론 이따금씩 아이들의 마음이 들뜨는 날에는 금세 다시 떠들기도 하지만, 세 가지 기술을 번갈아 사용하면 어느 정도는 반드시 통합니다. 별것 아닌 이 방법만 사용하고 다른 수업의 요소는 모두 똑같이 진행해도 수업의 공기가 매우 달라집니다. 내 수업 자체가 문제였던 것이 아니라, 자잘하게 아이들을 다루는 기술이 부족한 것이 문제였기 때문입니다.

이런 기술만 추가한다면 선생님의 수업도 방해받지 않고 차분히 집중력을 발휘할 수 있는 수업이 될 것입니다. 그러니 아이들이 시끄럽다고 해서 자신의 수업을 과도하게 탓하며 뜯어고치지 마세요. 별것 아닌 것처럼 보이는 문장 몇 마디로 아이들의 에너지를 제어할 수 있을 거예요.

3 수업의 '선'을 지키는 착한 규칙과 약속

저희 학교는 교과교실제를 운영하고 있습니다. 선생님들마다 교과 교실을 하나씩 운영하시고 수업 시간마다 아이들이 이동하는 방식입니다. 그렇다 보니 쉬는 시간에 아이들이 분주하게 움직여야 하고, 시작 종이 울려도 복도를 돌아다니는 경우도 더러 있습니다.

그런데 가만히 보면 이 아이들이 참 웃깁니다. 어떤 수업에는 "야, ○○시간이야. 빨리 가야 돼!" 하고 뛰어가는 반면, 또 다른 수업에는 "△△시간이잖아. 천천히 가자"라며 늑장을 부리기도 합니다. 아이들이 선생님을 봐가면서 빠르게 움직일지 그냥 지각할지를 정하는 겁니다.

그런데 아이들은 유독 한 미술 선생님의 수업에 누구보다도 빨리 들어갑니다. 제 수업 시간에는 가끔 늦는 아이들도 말이지요. 아이들이 그토록 빨리 들어오도록 하는 비법이 궁금해진 저는 아이들과 선생님께 물어봤습니다. 늦으면 선생님께서 호랑이처럼 무섭게 호통을 쳐서일까요? 태도 점수를 깎기 때문일까요? 아니었습니다. 재미있게도 선생님은 아이가 늦어도 소리 한 번 치지 않으시고, 태도 점수에도 전혀 반영하지 않으셨습니다. 다만 늦은 아이들과 '함께' 교실 한구석에서 체력단련을 하실 뿐이었습니다.

평소 운동을 좋아하시는 선생님은 아이들이 늦으면 운동의 중요성을 강조하며 함께 스쿼트나 플랭크를 하십니다. 이것이 선생님 수업의 가장 강력한 규칙이었습니다. 소리를 치지도 않고, 왜 늦었냐고 강하게 몰아세울 필요도 없습니다. 그저 평온한 미소와 함께 "왜 늦었니? 그랬구나, 우리 함께 체력단련을 해보자"라고 말하실 뿐입니다. 평소 워낙 아이들과의 라포가 잘 형성되어 있으신 분이라 아이들은 기분 나빠하지 않습니다. 게다가 선생님도 함께 옆에서 박자를 맞추며 운동하시니, 아이들은 입으로는 '으악' 하고 소리를 내지만 입꼬리는 늘 웃고 있습니다. 어떤 아이들은 늦지 않았는데도 함께 체력단련을 하겠다며 나섭니다. 이것이 이 수업의 힘의 원천이었습니다.

저는 이 이야기를 듣고 아이들이 반발하지는 않느냐고 물었습니다. 미술 선생님께서는, 처음에는 조금 그럴 수도 있겠지만 수업의 예외 없는 규칙으로서 항상 적용되기 때문에 아이들이 전혀 반발심을 가지지 않는다고 답하셨습니다. 일관되게 적용되어온 규칙이고 약속이므로 아이들이 잘 받아들인다는 겁니다.

　이런 규칙이 존재하지 않는 제 교실에서 갑자기 이런 체력단련을 시킨다면 아이들은 수용하려 하지 않겠지요. 제가 '일관되게' 만들어 온 수업 내의 규칙이 아니기 때문입니다. 하지만 저도 학기 초부터 이를 규칙으로서 수업에 일관되게 적용해왔다면 아이들은 역시 그것을 수용했을 것입니다.

　이번에는 다른 지역에서 교사를 하고 있는 저희 친언니의 이야기입니다. 언니의 수업 시간이 되고 시작 종이 울리면 아이들은 다 같이 시계를 보고 박수를 치며 "10, 9, 8 … 1, 땡!"을 외칩니다. 10초 안에 들어오면 괜찮지만, 10초가 넘으면 늦은 친구의 이름을 기록하기 때문입니다. 이름이 적힌 친구는 방과 후에 남아 일명 '영어 깜지'를 써야만 합니다. A4 용지에 빽빽하게 영어 단어를 쓰거나 영어 지문을 옮겨 적는 것입니다. 종이 한 장을 모두 채우는 일은 분명히 힘들고 시간이 드는 일이지만, 아이들은 크게 반발하지 않고 수용합니다. 학기 초부터 이미 공지되었고, 일관되게 지켜온 규칙이고 약속이기 때문입니다.

　그래서 이 수업에는 아이들이 부리나케 10초 안에 달려 들어옵니다. 다 같이 열을 셌기 때문에 10초가 지났는지 아닌지 다툴 필요도 없습니다. 왜 늦었느냐고 소리치거나 기분 나쁘게 혼을 낼 필요도 없습니다. 그저 칼같이 수업의 규칙을 적용할 뿐입니다.

　이렇듯 수업의 규칙과 약속은 분노와 호통보다 더 큰 힘을 지닙니다. 따라서 수업의 곳곳에 이런 규칙과 약속을 하나씩 심어두는 것이 좋습니다.

다만 중요한 것은 규칙을 명시적으로 이야기해주고, 또 일관되게 적용하는 것입니다. 왜 그 규칙이 필요한지를 명확히 안내하고, 예외 없이 적용할 것임을 알린 뒤 실제로 적용하면, 아이들은 꽤나 빠르게 그 규칙을 받아들이고 지키게 됩니다. 규칙이 바로 서 있는 교실은 큰 소리가 나지 않습니다. 큰소리를 내지 않아도 아이들이 규칙을 지키려고 노력하기 때문입니다.

수업 시간에 늦었을 때 외에도, 일어날 수 있는 다양한 문제 상황에 대해서도 규칙을 마련하는 것이 좋습니다.

저의 경우 친구들에게, 그리고 어른이 있을 때 욕을 하지 않는 것이 왜 중요한지를 알려주고, 이 규칙을 명시적으로 공표하였습니다. 그리고 수업 시간에 욕설을 한 친구는 남아서 교실 뒷정리와 칠판 지우기를 깨끗하게 하고 가도록 하는 규칙을 만들었습니다. 정도가 심하지 않은 욕설부터 심한 욕설까지 예외를 두지 않고 규칙을 항상 적용하려고 노력했습니다. 그 결과 아이들은 제 수업 시간에 욕을 쓰지 않도록 노력했습니다. 또, 수업 시간에 게임 등의 활동을 할 때 누가 얘기한 것인지 의견이 분분하거나 선생님인 제가 확실히 보지 못했을 때는 공정하게 가위바위보를 하기로 하였습니다. 이 규칙을 얘기할 때에는 아이들에게 양해를 구했습니다. 선생님의 눈은 두 개뿐이고 너희들은 스무 명이 넘기 때문에 어떤 경우에는 누가 먼저 조 이름을 외쳤는지 못 보기도 한다고, 그럴 때는 정말로 먼저 얘기한 조에게는 미안하지만, 가위바위보를 하면 좋겠다고 말이지요. 물론 최선을 다해서 잘 들으려고 노력할 테니 선생님을 믿어달라고 말입니다.

이렇게 피치 못한 경우에는 가위바위보를 하고 깨끗하게 승부를 인정하자고 이야기하면 생각보다 아이들은 잘 받아들입니다. 가끔 승부욕이 타올라 억울해하는 친구들이 생기기는 하지만, 그 아이를 나중에 따로 불러 선생님의 한계를 이야기하고 규칙을 다시 설명하면 대부분 잘 수용합니다. 언제 어느 때나 적용되었던 일관된 규칙이기 때문입니다.

그런데 똑같은 문제 상황에서 정해진 규칙이 없다면 아이들은 혼란스럽고, 점차 조금씩 불만을 가지게 됩니다. '선생님은 자기 마음대로 한다' '선생님은 기분대로 행동한다'는 왜곡된 인식을 가질 수밖에 없게 되니까요.

공정성은 아이들의 동기를 유발하는 데에 매우 중요한 요소입니다. 불공정하다는 생각이 들면 수업에 적극적으로 참여하려는 의지가 사라지게 되고요. 따라서 교사는 규칙을 미리 표명하고 이를 일관되게 지킴으로써, 아이들과의 약속을 지키는 모습을 보여주어야 합니다. 일관된 규칙과 약속으로, 학생들과 안정감 있고 소리 지를 필요 없는 편안한 수업을 하실 수 있기를 바랍니다.

스탬프를 80개 모으면 선생님과 떡볶이를 먹으러 가는 규칙이 있었다. 영광의 주인공들과 함께!

4 열정을 불태우는 '투 머치' 신규 쌤

열정에 불타오르던 발령 첫해의 첫 수업을 생각해봅니다. 첫날 첫 수업에 들어가면서 얼마나 심장이 뛰었는지 모릅니다. 저는 누구보다 잘 가르치는 교사가 되고 싶었습니다. 교실 안에 있는 스무 명 남짓의 아이들이 한 명도 빠짐없이 만족할 수 있는 영어 수업을 만들고 싶었습니다. 대학을 다니면서, 임용고시를 공부하면서 배운 전공 영어 지식을 열심히 현장에 적용해보겠다는 다짐으로 눈이 반짝거렸던 때입니다.

같은 신규 선생님이라도 사람마다 다르겠지만, 대부분의 신규 선생님들은 이와 같은 마음가짐을 가졌을 것입니다. 2차 시험 준비를 하면서 수도 없이 많은 수업을 실연해보았고, 학교의 여러 문제 상황에 대한 '정답'을 준비해서 대답했고, 그것을 실제로 적용하고자 하는 열정이 가득하죠. 이것저것 해보고 싶은 도전정신과 이렇게 하면 될 것이라는 전공지식을 바탕으로 한 자신감이 넘칠 때입니다. 그런데 이런 마음가짐으로 수업을 디자인하면, 신규 쌤들의 수업은 아이들의 말을 빌면 '투 머치'가 되어버리기 일쑤입니다.

다음과 같이 설명할 수 있습니다. 첫째는 '난도 투 머치'입니다. 아이들의 수준에 버거운 과제를 주는 것이지요. 임용고시 수업 실연을 준비해보셨다면 알겠지만, 수업 실연을 할 때에는 보이지 않는 학습자들을 매우 이상적으로 가정합니다. 어렵고 힘든 과제를 주면 모둠원들끼리 서로 협동을 해서 해낼 것이라고 가정하지요. 하지만 현실의 학교 현장은 그렇지 않습니다. 모둠원들이 자발적으로 서로 도와서 과제를 해결하는 일은 생각보다 잘 일어나지 않습니다. 아이들의 협동을 도와줄 수 있는 수업 내 장치가 있어야 하며, 상대적으로 성취도가 떨어지는 아이들에게는 비계를 제공해주어야 합니다. 이런 장치가 없으면서 수업 과제의 난도가 높을 경우, 선생님이 열심히 준비하더라도 아이들은 수업을 불편하고 어렵게 느끼게 됩니다.

저 역시 그랬습니다. 2차 수업 실연을 준비할 때에는 버릇처럼 아이들에게 해당 주제에 관한 포스터를 영어로 만들도록 했습니다. 모둠별로 포스터를 만들도록 하고 그룹 내에서 역할을 주면 네 명이 열심히 협력해서 보기 좋은 포스터를 뚝딱 만들어낼 것으로 생각했지요. 하지만 교실 현장은 그런 이상과는 너무 달랐습니다. 포스터라는 것은 무엇인지, 포스터 안에는 어떤 내용이 들어가야만 하는지, 어느 정도로 꾸

며서 보기 좋게 만들어야 하는지 등에 대한 지식이 아이들에게는 부족합니다. 그런 아이들에게 대뜸 '○○에 대한 포스터를 만들어보자'고 했으니, 막막한 감정부터 들 수밖에요. 이런 아이들에게 신규 쌤들은 왜 의욕이 없고 열심히 하지 않느냐고 다그치게 됩니다. 제가 그랬습니다. 아이들이 의욕과 흥미를 가지고 하려면 '투머치 난도'가 아닌 적당한 난도를 유지해야 하며, 계속해서 비계 설정이 들어가야 한다는 사실을 여러 번의 시행 착오를 거치고 나서야 깨닫게 되었습니다.

두 번째는 '종류 투머치'입니다. 수업의 유형이 지나치게 다양해서 아이들에게 혼란을 주는 경우를 말합니다. 신규 선생님들은 대학에서 다양한 수업 모델을 공부하고 왔기 때문에 최대한 많은 시도를 해보고 싶어 합니다. 그래서 야심 차게 다양한 활동들을 준비하여 수업에 적용하지요. 그런데 생각대로 수업이 잘 진행되지 않는 경우가 정말 많습니다. 열심히 이론을 적용해서 만들어낸 수업이 잘 굴러가지 않는 것처럼 느끼면, 새내기 선생님들은 자신이 알고 있는 다른 활동을 재빨리 동원하여 수업을 뜯어고치고 또 고치게 됩니다.

저 역시 예외는 아니었습니다. 준비한 활동이 한 반에서 잘 진행되지 않으면, 바로 '이 활동이 좀 별론가?' 혹은 '이론대로 하면 좋은 수업이 되어야 하는데 내 능력이 부족한 건가?' 하는 질문들을 스스로를 향해 던지며 같은 차시 내에서 활동을 바꿔버리기도 했습니다. 아이들이 느끼기에는 수업의 유형이 자꾸 휙휙 바뀌어 혼란스러울 것입니다. 적응할 만하면 다른 종류의 활동을 하게 되는 것이기 때문입니다. 이런 경우에는 선생님도, 아이들도 새로운 활동을 설명하고 받아들이는 데에 매일 매일 에너지를 사용해야 하므로 오히려 역효과가 나기도 합니다.

따라서 수업의 종류가 지나치게 다양한 것보다는, 한 가지 수업 내에서 세부적인 방향을 수정하거나 활동에 도움이 되는 자료를 추가하는 식으로 보완하면서 수업을 진행하는 것이 좋습니다. 아이들이 선생님이 준비한 활동을 잘 해내지 못하는 것은 과제 자체가 별로여서라기보다는 충분히 이해될 만큼 과제에 대해 안내하지 않았거나 활동 안에서의 단계가 엉성하게 구성되었기 때문일 가능성이 더 높습니다. 따라서 수업이 잘 안 되는 것 같다는 이유로 활동의 종류를 곧바로 바꾸기보다 해당 활동 내에서 보완하는 것이 아이들과 선생님 스스로의 혼란을 막을 수 있는 방법일 것이라고 생각합니다.

물론 이 '투 머치'의 기간은 그 자체로 우리에게 좋은 양분이 되어주기는 합니다. 다양한 시도와 실패를 거듭하며 무엇이 좋은 수업인가에 대한 철학을 스스로 만들어가게 되고, 내가 할 수 있는 수업은 어떤 것인지 시험해보며 교사로서 정체성을 형성해갈 수 있는 시기이기 때문입니다.

실제로 저도 이 혼란스러운 시기를 거치며 아이들에게 통하는 수업은 어떤 것인지 이해할 수 있게 되었고, 해를 거듭할수록 더 편안하고 자신감 있게 수업할 수 있게 되었습니다. 하지만 이 시기에 겪어야 하는 신규 교사의 절망감에 조금이라도 위로가 될까 하는 마음으로 적어

보았습니다.

어쨌든 'Too less(너무 적은)'보다는 'Too much(너무 많은)'가 여러모로 훨씬 낫다고 믿습니다. 많이 시도할수록 절망도 클 수 있지만, 그것은 어디서도 얻을 수 없는 나만의 깨달음과 철학을 만들어주는 반면, 시도하지 않으면 무기력함 말고는 아무것도 얻지 못하기 때문입니다. 그래도 혹여나 수업이 마음처럼 안 되어 큰 스트레스를 받는 순간이 온다면, 우리가 혹시 욕심을 내려놓지 못하고 난도 투머치, 종류 투 머치의 수업을 하고 있지는 않은지 되돌아봅시다.

5 새로움에 익숙함을 잇다

신규 선생님의 '투 머치' 양상에서 볼 수 있듯 막 발령을 받아 학교에 부임하는 교사들은 대개 새로움에 집중합니다. 수많은 교육학 도서들이 새로운 교육을 부르짖고, 4차 산업혁명 시대에 맞게 교육 혁신이 필요하다고 말합니다. 저 또한 어렵게 공부해서 들어온 이 학교에서 파릇파릇한 신규 교사로서 새로운 교육을 실천하리라는 다짐을 가슴 가득 품고 학교로 향했던 기억이 납니다.

실제로 새로움을 추구했던 것은 아이들을 매료시키는 데 큰 역할을 했습니다. 저는 새로운 사이트나 프로그램을 최대한 활용하려고 노력했고, 아이들에게 신선한 교사라는 인상을 주기 위해 작게는 신조어를 사용하는 것부터, 크게는 수업의 형태를 바꾸기 위한 다양한 시도에 집중했습니다.

제가 도입했던 새로운 수업의 요소들은 다음과 같습니다. 우선 카훗(kahoot!, 게임 기반 학습 플랫폼)이나 클래스카드(classcard, 카드를 활용하여 학습이 가능한 스마트폰 어플리케이션) 등의 인터넷 프로그램을 사용하여 게임이나 활동을 했습니다. 요즘 아이들은 '디지털 네이티브' 세대라고 할 수 있기 때문에 온라인 매체를 활용했을 때 더 높은 흥미와 집중력을 보입니다. 실제로 온라인 매체를 활용하여 수업을 진행하니 새로움을 느끼고 더 집중하는 것 같았습니다.

또 저는 유튜브 채널을 운영하여 수업 자료나 학습 전략에 대한 영상을 게시하여 아이들이 참고할 수 있도록 했습니다. 영상 제작에 아이들이 직접 참여하게 하여 흥미와 참여도를 끌어올렸고, 마지막으로 교과서를 벗어난 수업도 함께 진행했습니다. 교과서의 주제와 관련된 영자신문 기사를 아이들에게 읽게 하고, 관련된 주제로 캠페인 영상을 제작하는 등 새로운 수업의 형태를 시도했습니다. 교과서의 내용과 연계하여 실생활의 과제를 해내도록 하여 아이들에게 새로운 수업이라는 인상을 줄 수 있었습니다.

이렇게 새로운 요소를 통해 아이들의 흥미를 유발하는 것도 중요합니다. 그렇지만 새로움을 선사해주는 것만큼이나 아이들에게 익숙함을 함께 제공하는 것이 중요하다고 믿습니다. 아이들에게는 안정감이 필요하기 때문입니다. 작게는 동일한 디자인의 학습지 틀을 주어서, 멀리서 보아도 이것이 '하은 쌤 학습지'라는 것을 알게 하는 것부터, 크게는 한 단원 내에서 수업의 배치 순서에 통일성을 줍니다. 예를 들어 단어 공부 다음에는 대화문 공부를, 이후에는 문법과 본문 공부를 차례로 하게 된다고 아이들이 예상할 수 있도록 일관되게 배치하는 것입니다. 이렇게 아이들이 영어 수업이 어떻게 진행될지에 대한 큰 그림을 가지고 있으면 안정감을 느끼고 우왕좌왕하지 않을 수 있습니다. 학습지 디자인도 제각각, 수업의 배치도 제각각이면 아무리 새롭고 재밌는 것이라도 아이들은 길을 잃을 수 있습니다.

그중에서도 제가 가장 중요하다고 생각하는 것은 45분 수업 내의 루틴입니다. 예컨대 저는 처음 종이 치고 난 뒤 2분 동안은 출석 체크를 하고 아이들이 교재나 준비물을 모두 가져왔는지 확인하는 시간으로 활용합니다. 다음 2분 동안은 주말에 있었던 일을 잠시 이야기하거나 그때그때의 주제에 관해 가벼운 이야기(스몰 토크, small talk)를 나누는 시간으로 사용합니다. 그 뒤에 오늘 수업의 목표를 알리고, 본격적으로 그날의 수업을 시작합니다. 또 저는 끝나는 종이 울리기 2~3분 전에 수업을 마무리하고 스탬프를 찍어주는 시간을 갖습니다. 항상 이런 루틴으로 수업이 진행되고, 아이들이 이것을 알고 있습니다.

이와 같은 순서가 일관되게 이어지면 아이들은 스몰 토크를 하고 나서도 더 이야기를 하지 않고 수업에 집중할 준비를 하고, 수업이 끝나면 스스로 학습지를 정리하고 스탬프 용지를 꺼내는 등 안정감 있는 행동 양상을 보입니다.

이렇게 아이들에게 익숙함을 제공하면 아이들은 수업에 대해 예측

할 수 있으며, 이를 통해 아이들과 선생님 사이에 호흡이 맞춰지게 됩니다. 볼멘소리로 "선생님~ 언제 끝나요?"를 외치거나 "선생님~ 오늘 놀아요!"를 외치는 아이들도 사라지게 됩니다. 어차피 수업은 2~3분 전 스탬프를 주면서 끝나게 되어 있고, 일정 시간이 지나면 이 수다를 멈추고 수업을 시작할 것임을 알고 있기 때문입니다. 아이들은 그 시스템에 자연스럽게 녹아들게 되고, 교사와 함께 안정적으로 수업을 구축해나가게 됩니다.

반면 매일 새로운 포맷으로 짜임새 없이 새로운 수업 방식을 동원한다면 선생님은 매 수업의 과정을 아이들에게 설명하고 이해시켜야만 하고, 아이들은 아무런 예측이나 준비 없이 수업을 맞게 되므로 매번 새롭게 수업에 적응해야 하는 부담을 얻을 수 있습니다.

따라서 익숙함을 주는 틀과 새로움을 주는 요소들을 적당히 결합하는 것이 가장 좋은 방법일 것입니다. '적당히'라는 기준이 명확하지 않을 수 있지만, 자신의 수업 방식과 각 교과의 내용 등이 반영되어 있어야 하기 때문에 천편일률적으로 비율을 정할 수도 없는 노릇입니다. 제 경우 수업 전체의 흐름은 늘 정해져 있고, 단원별로 활동 방식을 2~3개 정도 정해 내용을 바꿔가며 활동합니다. 그리고 주제에 따라 특별히 넣을 수 있는 활동을 한 번씩 추가하여 아이들이 지루함을 느끼지 않도록 노력합니다.

아이들이 반복되는 큰 포맷 속에서 안정감을 얻되, 그것이 지루함으로 이어지지 않도록 그 포맷 안에서 계속 새로운 요소를 만나도록 하는 것이 가장 중요하겠지요. 이것을 마음에 새기고, 각 교과와 선생님의 특성에 맞게 새로움과 익숙함의 황금비율을 찾아내시기를 응원합니다!

6 유튜브에서 쌤을 만나다

저는 유튜브에서 '하은쌤(Haeun T)'이라는 채널을 운영하고 있습니다. 수업 시간에 활용할 수업 자료를 아이들과 함께 제작하여 올리는 채널입니다. 아직 구독자가 400여 명뿐인 작은 채널이지만, 학교 안에서 체감하는 아이들의 반응은 아주 뜨겁습니다. 생전 본 적도 없는 학생이 찾아와 "선생님! 구독했어요!" 하고 아는 척을 해주고, 미리 수업 자료를 올려놓으면 많은 아이들이 미리 영상을 감상하고 예습을 해오기도 합니다. 우리 학교에도 '유튜버'가 있다는 사실 자체가 아이들에게 즐거움을 주는 듯합니다.

이렇게 유튜브를 활용하여 1년 동안 수업을 해본 결과, 아직 보완할 점이 많지만 그래도 아이들에게 좋은 효과를 주고 있다는 생각이 듭니

저의 유튜브 채널 '하은쌤(Heun T)' 화면 캡쳐.

다. 아이들은 영상 매체에 익숙하고, 그중에서도 유튜브 동영상을 보는 데 정말 많은 시간을 투자합니다. 그래서 유튜브에 수업과 관련된 영상을 올려놓으면 자연스럽게 그 영상을 자주 접하게 되고, 원할 때 복습도 할 수 있어, 학습 의욕이 있는 아이들에게 좋은 도구가 되어줍니다. 또 학습에 대한 의지가 크지 않은 학생이라도 자신이 아는 친구나 학교의 여러 선생님들이 출연하기 때문에 호기심에 영상을 보게 됩니다. 그러면서 자연스럽게 표현과 구문을 익혀가게 되는 효과도 관찰할 수 있었습니다.

제가 유튜브 채널을 활용하는 구체적인 방식은 다음과 같습니다.

교과서에는 매 단원마다 꼭 배워야 하는 표현과 언어 형식이 있습니다. 매 단원에서 2~4명의 학생과 협의하여 해당 구문이나 표현을 어떤 대사나 이야기로 담아낼지를 정하고, 계획에 따라 촬영을 진행합니다. 예컨대 'I appreciate …'이 배워야 할 표현이면, 아이들은 자신이 고마움을 느끼는 대상에 대한 문장을 만들어 영상에서 얘기합니다. 카메라 앞에서 "I appreciate 채리 쌤 because she always loves us"라는 문장을 외치고 머리 위로 하트를 그리며 사라지는 것이지요. 마침 그때가 스승의 날 시즌이어서, 저는 여러 아이들을 섭외하여 원하는 선생님께 감사의 마음을 표현하는 영상을 기획해서 만들었습니다. 이후 화면이 바뀌고 제가 나와서 해당 표현에 대한 설명을 짧게 덧붙이는 형식으로 영상이 진행됩니다.

각 단원에서 배워야 하는 언어 형식이 어떤 것이냐에 따라서 영상의 내용이나 형식은 조금씩 달라집니다. 영상에 출연할 아이들을 미리 섭외하여 어떤 대화를 통해 영어 표현을 사용하면 좋을지 회의하여 대화문을 함께 제작하였습니다. 대화문을 제작하고 아이들은 카메라 앞에서 작은 연극을 하게 됩니다. 그러면 처음에는 자막 없이, 다음에는 자막을 함께 제공하도록 영상을 편집하여 아이들이 듣기 실력을 함께 키울 수 있도록 합니다.

재미있게도 이런 영상 촬영에 참여하고 싶어 하는 아이들은 대다수가 공부에는 별로 관심이 없던 아이들입니다. 영어를 잘하지 못해도 재미있어 보이는 영상 촬영에 참여하고 싶은 거지요. "영어 못해도 할 수 있어요?"라고 물으며 출연 의사를 밝혀옵니다. 그런 아이들에게 저는 "당연하지! 어렵지 않아서 잘 몰라도 다 할 수 있어. 선생님이 도와

줄게!"라며 응원을 해주고 함께 촬영을 합니다.

실제로 촬영을 하다 보면 아이들은 연이어 'NG'를 경험하게 됩니다. 감독인 저는 문장이 자연스럽게 영상에 담기도록 하기 위해서, 몇 번이고 'NG'를 외칩니다. 아이들은 문장을 반복하고 또 반복하면서 어느새 그 문장에 익숙해진 자신을 발견합니다. 영어에 관심이 없던 아이들에게도 누구보다 자신 있는 문장이 하나 생기게 된 것입니다. 그리고 그 장면이 영상에 담겨 세상에 공개가 된다니, 아이들은 이 촬영을 통해 생각보다 더 큰 성취감과 뿌듯함을 얻어가게 됩니다.

이렇게 어렵게 촬영하고 편집된 영상은 제 채널에 올라가고, 저는 수업 시간에 표현을 공부하며 예시 영상으로 보여줍니다. 아이들은 자신과 친구들이 등장하므로 매우 재미있어 합니다. 말로는 너무 어색하고 오글거린다고 하지만, 친구가 동영상 속에서 영어를 하는 것이 재미있기도 하고, 어떻게 연기했는지 궁금해서 화면을 들여다보게 됩니다. 어떤 아이들은 집에 가서도 계속 돌려보기도 하지요. 가끔 선생님들을 섭외하여 영상을 촬영하기도 했는데, 아이들은 자신의 담임 선생님이 나오면 열광합니다. 우리 선생님이 영어를 하는 모습을 지켜보는 것만으로도 매우 재미있기 때문입니다. 이렇게 아이들은 영어를 자주 접하면서 잠시나마 영어에 흥미를 느끼게 됩니다.

저는 수업 자료와 더불어 조금 더 여유가 있을 때는 시험이나 공부, 영어와 관련된 팁을 올리기도 했고, 아이들이 즐겨 들을 수 있는 팝송을 소개하기도 했습니다. 아이들은 저를 볼 때마다 영상이 너무 재미있다며 더 올려달라고 이야기하고, 댓글로 저와 소통하기도 했습니다. 유튜브는 여러 방면에서 아이들과 저를 가깝게 이어줄 수 있는 인터넷 속 교실이었습니다.

제 유튜브 영상의 인트로 '내가 누구? 하은쌤!'을 활용한 선물을 해준 아이들.

하지만 영상을 기획하고 촬영하고 편집하는 일에는 생각보다 많은 시간이 필요합니다. 일주일에 3~4시간의 시수를 가진 영어 교과의 경우 매주 수업을 준비하는 것만도 빠듯하고, 게다가 다른 행정 업무까지 겹치게 되면 한가하게 영상을 찍을 시간이 없다고 느껴지기도 합니다.

바쁜 와중에 짬을 내어 영상을 찍느라 힘들었던 때도 있습니다. 그래서 저는 한 단원에 딱 하나만 올리자는 생각으로 영상을 제작했습니다. 선뜻 선생님들께 채널 운영을 추천할 수 없는 이유이기도 합니다. 하지만 돌이켜보니 이렇게 영상을 만들고 유튜브 채널을 운영한 것이 정말 잘한 일이라는 생각이 듭니다. 아이들과 소통할 수 있는 통로이자 함께 영어를 즐길 수 있는 공간이 되어주었기 때문입니다.

다행스럽게도 최근에는 부담되지 않는 금액으로 쉽게 영상을 제작할 수 있는 프로그램이 시중에 많이 나와 있습니다. 또 핸드폰 카메라의 사양도 갈수록 좋아져서, 굳이 비싼 카메라를 사용할 필요도 없습니다. 이미 영상을 많이 접해, 어떤 식으로 영상을 만드는지에 대한 감각이 뛰어난 아이들이 많아서 아이들의 도움을 받기도 매우 수월합니다. 아마 저마다 나서서 도와주려고 할 것입니다. 그래서 저는 조심스럽게 짬을 내서 채널 운영을 시작해보시기를 추천해드리고 싶습니다. 막상 시작해보면 생각보다 어렵지 않게 아이들과 함께 즐기며 영상을 만들 수 있을 것입니다.

더 많은 선생님들이 아이들과 함께 교과의 내용을 즐길 수 있는 온라인 교실을 열어 새로운 교육의 장을 함께 만들어갔으면 하는 바람입니다.

7 우왕좌왕 신규 쌤,
고수의 수업을 벤치마킹하다

어느 학교에나 신기할 만큼 아이들이 잘 따르는 수업이 꼭 한두 개씩 있습니다. 우리 학교의 한 과학 선생님의 수업은 모든 아이들이 입을 모아 칭찬합니다. 설명도 조리 있게 잘해주실뿐더러, 일상생활에서 볼 수 있는 다양한 재료들을 활용하여 실험도 많이 한다는 것이 그 이유입니다. 아이들에게 재미있고 집중이 잘 되는 수업을 말해보라고 하면 어김없이 이 선생님의 수업을 고릅니다. 또 미술 선생님의 수업도 모든 아이들이 재미있어 합니다. 몇몇 아이들은 새로 배운 내용이 재미있다며 점심시간에도 미술실을 열어달라고 해서 그림을 마저 그리고 있기까지 합니다.

이렇게 아이들이 따르는 수업의 비밀은 무엇일까요. 수업을 더 잘하고 싶은 저는 늘 궁금했고, 해당 수업을 직접 참관하고 싶다고 생각했습니다. 아이들이 좋아하는 수업을 다양하게 보고 그 수업의 좋은 점들을 '벤치마킹'하여 저의 수업에 녹여내고 싶었으니까요.

신규 교사에게 절실히 필요한 것은 다양한 수업의 표본입니다. 새내기 선생님들에게는 두 가지의 극단적인 경험만이 존재하는 경우가 많습니다. 하나는 학창 시절에 학교 현장에서 직접 경험했던 주입식 수업이고, 다음은 임용고시 2차 수업 실연을 하며 과하리만큼 (엎드리지도 떠들지도 않는) 학습자 중심의 수업입니다.

그런데 우리 학교 현장은 주입식 교육을 하면 아이들이 지루함을 느껴 외면하고, 또 2차 실연 같은 학습자 중심의 수업을 진행하기에는 수업에 참여하지 않고 엎드려 있거나 떠드는 아이들이 너무나도 많습니다. 따라서 신규 선생님들은 그 사이에서 '집중이 잘 되는' '좋은' 수업을 하시는 선생님들의 표본을 많이 보며 자신의 수업을 다듬어갈 필요가 있습니다.

사실 학교 안에서 다양한 수업을 관찰하고 차용하는 일은 쉽지 않습니다. 학교에는 많은 선생님이 계시지만, 교내 장학은 활성화되어 있지 않은 것이 현실입니다. 저희 학교의 경우 한 교사가 1년에 한 번은 공개수업을 하도록 되어 있어, 원칙적으로는 동료 교사와 학부모들까지 참관할 수 있도록 되어 있지만, 선생님들은 잘 참여하지 않는 경우가 많습니다. 그리고 다른 학교도 크게 다르지 않은 듯합니다. 하루에 자신의 정해진 수업을 소화해내는 것만 해도 빠듯하게 바쁠뿐더러, 수업을 공개하는 것이 부끄럽고 부담이 되는 일임을 알기에, 서로 부담이 되지 않도록 하기 위해서 애쓰다 보니 그렇게 되는 것입니다. 따라서 누군가에게 수업을 참관해도 되는지 물어보는 것 자체가 참 곤란하고 어려운 일일 때도 있습니다.

하지만 두드리면 생각보다 쉽게 수업의 문을 열어주시는 선생님도 계십니다. 학교에 수석 교사가 있으면 과목이 달라도 수석 교사의 수업을 참관할 수 있고, 수석 교사가 아니라더라도 수업에 관심이 많으시고 아이들이 잘 따르는 수업을 하는 선생님들께 조심스럽게 참관을 요청해볼 수 있습니다. 또 함께 학교에 들어온 신규 동기 선생님이나, 교직에 들어온 지 얼마 되지 않은 젊은 선생님들에게 도움을 요청하는 것도 좋습니다.

세상 어느 수업도 완벽할 수는 없지만, 여러 수업을 관찰하다 보면 아이들이 어떤 것에 더 잘 반응하는지, 어떤 활동이 효과적인지 눈에 보이게 됩니다. 따라서 여유가 되는 한 다른 선생님들의 수업도 들여다 보려고 노력하는 것이 좋습니다.

저보다 한 해 늦게 우리 학교에 들어오신 한 선생님은 자신의 수업을 개선하고자 하는 마음이 매우 컸습니다. 그래서 특히 학기 초반에 생각만큼 아이들이 수업을 따라주지 않아 혼란스러웠을 때, 아이들을 집중할 수 있도록 하는 자잘한 수업 기술들을 배우고 싶었습니다. 그래서 그런 고민들을 여기저기 나누었고, 앞에서 언급했던 과학 선생님께 수업을 참관해도 되겠냐고 정중하게 요청을 드렸습니다. 과학 선생님은 조금 부끄러워하시긴 했지만 수업을 기꺼이 공개해주셨고, 신규 선생님은 그날 과학 선생님의 다양한 기술들을 메모하셨지요.

이 선생님께서 가장 인상적이었던 것은 과학 선생님과 아이들과의 상호작용 방식이었다고 합니다. 아이들을 칭찬해줄 때는 수업을 듣는 모든 아이들이 알 수 있을 만큼 확실하게, 그리고 최대한 구체적으로 하며 참여를 끌어냅니다. 학생이 오답을 말했을 때도 민망하지 않도록 오답을 고칠 수 있는 기회를 주고, 다른 친구들에게도 수정할 기회를 주었으며 적절하게 수정을 했을 때 다시 확실하게 칭찬하는 것입니다. 아이들의 주의가 산만해질 때도 '시끄러워, 떠들지 마'와 같은 부정적인 문장이 아니라, '여기 보세요'라고 하거나 '눈 감으세요'라고 해서 집중을 유도하셨고요.

이렇게 과학 선생님의 자잘한 기술들을 A4 한 장에 가득 메모해온 신규 선생님은 덕분에 수업에 사용할 수 있는 실용적인 기술을 알 수 있었고, 아이들을 대하는 기본적인 태도에 대해서도 다시 생각해보는 계기가 되어 유익했다고 이야기했습니다. 이와 같이 용기를 내어 다른 선생님께 수업 참관을 부탁드리면 큰 도움이 될 것입니다.

교외에서 도움을 받을 수 있는 경로도 다양하게 존재합니다. 저는 수업 발표대회나 각종 수업 관련 연수에 참여하려고 노력했습니다. 시도교육청 단위로 주관하는 다양한 수업사례 발표대회에 참여하면 전국의 수석 교사님들을 비롯한 여러 선생님들이 자신의 수업 사례를 공유해주십니다. 어떤 과제를 구성하고, 그것을 어떤 계획 아래 실현해나갔는지를 거시적으로 볼 수 있어 큰 도움이 됐습니다. 저는 서울중등영어교육연구회(Seoul SETA) 수업 발표대회를 보러 가서 다양한 선생님들의 수업 사례를 보았고, 자료집에 있는 지도안과 참고자료를 활용하여 제 수업을 개선해나가는 데 도움을 받았습니다.

이처럼 교내외로 다양한 선생님들의 수업을 참관해보고 좋은 활동이나 기술을 벤치마킹하려는 노력을 기울이면, 아직 수업의 구성이 '말랑말랑한' 상태인 우리 새내기 교사들에게는 좋은 방향으로 수업이 충분히 개선될 수 있다고 믿습니다.

나의 수업을 보고 누군가가 열심히 메모를 하고 '벤치마킹'할 그날까지, 우왕좌왕 좌충우돌 신규 선생님들, 우리 함께 노력합시다!

8 교사의 전문성은 어디에서 오는가

학교에서 영어를 가르치기 시작하며 제가 맞닥뜨렸던 의문은 이것입니다. '교사의 전문성이란 무엇인가?'

글로벌 시대의 영어 교사인 저는 영어를 원어민처럼 구사하는 아이들을 반드시 만나게 됩니다. 교직 첫 해, 학급당 적어도 한 명씩은 외국 거주 경험이 있는 아이들이 있었고, 그 아이들은 발음과 억양이 저보다 더 원어민에 가까웠지요. 그런 아이들 앞에서 영어를 가르칠 때면, 저도 사람인지라 왠지 모르게 위축되곤 했습니다. 영국에서 살다 온 학생이 저의 발음을 장난처럼 지적했던 바로 그날, 저는 '원어민처럼 영어를 구사하는 이 아이들 앞에서 나는 교사로서 어떤 전문성을 가져야 할까?' 하는 고민에 뜬눈으로 밤을 지새웠습니다.

"교사는 어찌 되었든 아이들보다 더 잘해야 해요."

발령을 받기 전, 신규 교사들을 대상으로 연수를 할 때, 강의를 하시던 선생님이 하신 말입니다. 교사는 아이들보다 어떤 측면에서든 더 뛰어나야 하고, 그래서 아이들로 하여금 이 수업을 통해 배워갈 것이 있음을 인식하도록 해주어야 한다는 것이었습니다.

이 말을 '아이들보다 더 원어민 같은 발음을 가져야 한다'고 해석한다면 저는 영영 그 문장을 실천할 수 없을 것입니다. '교사가 아이들보다 더 잘해야 한다'는 이 문장은 교사가 수업 및 교과에서 전문성을 지녀야 한다는 말일 것입니다.

고민에 빠진 저는 학교에서 아이들을 가르치며 영어 교사의 전문성에 어떤 것이 포함되는지 하나씩 기록해보았습니다. 발음과 억양 같은 영어 구사 능력도 물론 포함이 될 것이고, 아이들이 인지적으로 특정 구문을 잘 받아들일 수 있도록 예문을 뽑아내고 정렬하는 능력도 포함됩니다. 아이들이 어떤 지문이나 구문을 잘 이해할 수 있는 발문과 활동을 디자인하는 능력, 쉽게 저지르는 오류를 미리 짚어주어 보다 정확하게 알 수 있도록 하는 능력, 영어를 실제적인 목적에 맞게 사용할 기회를 제공해주는 능력까지…… 이렇게 하나씩 정리하다 보니 단순히 멋들어진 영어 발음을 가지고 있는 것보다도 더 중요한 것이 많다는 것을 이해할 수 있었습니다. 그러면서 내가 극복할 수 없는 것에 집중해서 위축되기보다는, '영어를 가르치는' 교사로서 가져야 하는 다른 능력들을 더 키워가는 것에 집중해야겠다고 생각할 수 있었습니다.

　이후 저는 가슴에 '교사는 어떤 방식으로든 더 뛰어나야만 한다'는 말을 새기며 수업에 임하고 있습니다, 영어 구사 능력이 원어민급인 학생을 만나더라도 이제는 두렵지 않습니다. 어느 학생이 영어로 말을 매우 잘하더라도, 그 말의 형식들이 왜 그런 의미를 형성하고 있는지 설명할 수 있느냐는 또 다른 문제이기 때문입니다. 교사는 언어의 규칙들과 그 규칙들이 지니는 의미들에 대해 더 많은 지식을 가지고 있어야 하고, 그것을 알려주어야 합니다. 한국인이라도 한국어의 문법이나 맞춤법에서 흔히 저지르는 오류가 있고, 완벽하지 않아서 다듬어나가야 하듯이, 영어를 원어민처럼 사용하는 아이들에게도 자주 저지르는 실수가 존재하며, 오히려 자신의 영어가 뛰어나다는 굳은 믿음 때문에 영어 실력이 정체되고 결국 뒤처지게 되는 상황을 많이 맞이하곤 합니다. 따라서 교사는 책임감을 가지고 영어를 잘 구사하는 아이들에게도 새로운 지식을 알려주고 수업을 충실히 따라가야 한다는 것을 인식시켜야만 합니다.

　또 교사에게 더욱 중요한 것은 '아이디어'의 측면에서 아이들보다 더 뛰어나야 한다는 점입니다. 교사는 수업 활동 속에서 아이들보다 고차원적인 사고력을 보여줄 수 있어야 합니다. 영어 교사라 해도 외국에서 수년간 살다 온 아이들에 비해서 유창성이나 문장 구성 능력 등은 떨어질 수 있습니다. 그러나 경험과 지식의 양, 그리고 그것을 바탕으로 한 사고력의 깊이에서는 우위를 점할 확률이 높습니다. 따라서 교사는 아이들의 영어 실력 자체만 키워주는 활동을 디자인하기보다는 조금 더 고차원적인 사고력을 요구하는 활동으로 교사가 가진 힘을 보여줄 필요가 있습니다. 이는 단순히 교사의 지식을 자랑하려는 것이 아니라, 혹여나 자신이 해당 과목을 잘한다고 해서 수업을 듣지 않아도 된다고 생각하는 아이들도 오만함에서 벗어나 배움을 얻어갈 수 있도록 하기 위한 것입니다. 이런 활동을 통해 교사는 아이들에게 해당 수업을 통해 배워갈 수 있는 것들이 있음을 인식시켜주어야 합니다.

두 상황을 비교해봅시다. 수업 시간의 과제가 단순히 어떤 영어 지문을 해석하는 것이라면 영어를 잘하는 아이들은 그 수업을 들을 이유가 없어집니다. 선생님의 도움 없이도 그 정도 해석은 할 수 있기 때문입니다. 수학 시간도 마찬가지일 것입니다. 이미 학원에서 풀이법을 배웠던 문제를 선생님이 다시 풀어준다면 귀를 기울일 이유가 없다고 느낄 것입니다. 그 수업에서는 단순한 구사능력이나 풀이능력을 뛰어넘는 사고력이 필요하지 않기 때문입니다.

하지만 영어 수업에서 어떤 문제 상황을 제시하고 그에 대한 해결책을 제시해야 하는 활동을 한다고 가정해봅시다. 여기서 영어를 얼마나 유창하게 하느냐는 사실상 중요하지 않습니다. 유창한 영어실력은 문제 상황을 이해할 수 있고, 후에 해결책을 정하면 그것을 영어로 바꾸는 것에만 쓰입니다. 핵심이 되는 '아이디어'가 아니라 도구일 뿐인 것입니다. 중요한 것은 영어를 도구로 사용하여 이해한 내용에 자신의 경험과 지식을 동원하여 해결책을 만들어내는 것입니다. 이것은 영어를 잘한다고 해서 저절로 되는 부분이 아닙니다. 이때 교사가 모둠을 돌아다니며 아이들이 만든 해결책에 대한 피드백을 제공하거나, 방향을 잡지 못하는 아이들에게 적절한 질문이나 힌트를 주어 아이들의 지적 사고를 자극해주면, 아이들은 교사가 자신보다 뛰어나다는 인식을 가지게 됩니다. 이런 수업 속에서 아직 영어를 잘하지 못하는 아이들은 물론, 영어를 잘하는 아이들도 선생님이 가진 능력을 인식하게 되고, 자연스럽게 수업에 따르고 참여하게 됩니다.

수학 수업이라면 단순히 숫자와 도형으로 이루어진 연습문제를 푸는 것에서 나아가 아이들의 창의력을 자극해주는 과제를 디자인해야 합니다. 우리 학교의 한 수학 선생님은 '삼각형의 외심' 파트를 가르치면서 실생활과 관련된 문제를 하나 제시하셨다고 합니다. '피자 가게 A, B, C의 배달구역을 가장 효율적으로 나누기 위해서는 어떻게 해야 하는가' 하는 문제입니다.

얼핏 보면 삼각형의 외심과 전혀 관계가 없어 보이지만 외심을 이용하면 생각보다 쉽게 문제를 해결할 수 있습니다(자세한 설명은 수학 선생님이 아닌 관계로 넘어가겠습니다). 수학 선생님의 말에 따르면 이 문제를 주면 수학을 잘하는 아이들조차 전혀 외심과 관련 짓지 못한다고 합니다. 대부분의 아이들이 수학을 단순한 연습문제로만, 기계적으로 익혔기 때문입니다. 한편 선생님의 도움을 받아 문제를 해결한 아이들은 수학이 이렇게 쓰일 수 있다는 것에 놀라워했다고 합니다.

이렇게 아이들의 사고력과 창의적 문제해결 능력을 자극하는 과제를 디자인한다면 교사는 아이들에게 새로운 깨달음을 줄 수 있고, 자신의 수업을 아이들이 주의를 기울여 들어야 하는 수업으로 자리매김할 수 있습니다.

따라서 교사는 수업을 계획하고 실행할 때 아이들보다 조금 더 고차원적인 아이디어를 수업에 녹여 냄으로써 교실에 앉아 있는 아이들 한 명 한 명이 집중할 수 있도록 최선을 다해야만 합니다.

영어 선생님으로서 다짐해봅니다. 외국에서 살다 왔다는 이유로 제 수업에 참여하지 않는 아이가 없도록 하겠다고, 혹은 비슷한 이유로 엎드려 있는 아이를 '저 아이는 영어를 잘하니까' 하고 합리화하고 넘어가지 않겠다고 말입니다.

9 아이들 삶에 스며드는 수업은 따로 있다

저는 교사 2년차가 되었을 때 컨설팅 장학을 신청했습니다. 컨설팅 장학은 학교에서 교내외의 수업 전문가들에게 의뢰하여 수업의 계획 및 실행을 관찰하고 자문을 제공받는 것을 말합니다. 원래는 자발적으로 신청하는 것이지만, 실정은 학교에서 한 명이 총대를 메고⑦ 컨설팅을 맡게 됩니다. 총대를 멘다는 표현을 쓴 것에서 알 수 있듯, 자신의 수업을 교외의 수업 전문가들에게 공개하고 평가를 받는다는 것은 매우 부담스럽고 힘든 일입니다. 저 역시 엄청난 부담을 안고 컨설팅에 의뢰할 수업을 준비했습니다.

저는 교과서 중 문법 파트의 수업을 준비했고, 목표 언어 형식은 'if 가정법 과거(내가 만약 ~라면 ~할 텐데)'였습니다. 저는 아이들이 가정법을 활용하여 다양한 문장을 연습해보도록 게임도 구성하고, 다양한 상황을 가정하고 'if'를 사용하여 문장을 만들어보도록 했습니다. 45분의 숨막히는 시간이 쏜살같이 지나갔고, 긴장하기는 했지만 아이들이 잘 따라주어, 나름 성공적으로 수업을 끝냈다는 안도감을 느꼈습니다.

하지만 수업 이후 협의회에서 들은 평가는 매우 충격적이었습니다. 그중 제 마음을 파고들었던 말은 '아이들의 삶과 동떨어져 있는 수업'이라는 평이었습니다. 아이들이 병아리들처럼 열심히 'if 가정법'이 들어간 문장을 따라 하기도 하고 영작도 하고 있지만, 선생님의 지시에 기계적으로 움직일 뿐 자신의 삶과 연관 지어 해당 언어형식을 마음으로 받아들이지 않는 것 같다는 자세한 설명이 뒤따랐습니다. 말하자면 '들여다보면 주입식'이라는 거죠. 그 말을 듣는 순간 머리를 한 대 맞은 것 같았습니다.

장학사님께서는 저에게 책 한 권을 추천해주셨습니다. 저 역시 평소 존경하여 몇몇 강의를 수강하기도 했던, 서울대학교 영어교육과 김성우 교수님의 《단단한 영어공부》라는 책이었습니다. 이 책에서 김성우 교수님께서는 늘 학습자의 삶과 맞닿아 있는 수업의 중요성을 역설하셨고, 아이들이 사고하는 도구로서 영어를 사용하는 것이 필요하다고 강조하셨습니다. 다음은 교수님께서 이 책을 집필하면서 쓰셨던 글입니다.

"This is an apple"은

그렇게 열심히 따라 하면서

"This is me(이게 나예요)"라고 말하는 법을

배우진 못했습니다.

"Work hard, and you will succeed"는

숱하게 만났지만

"Unite, and you will get what you deserve"는

만나보지 못했습니다.

가정법을 배우며

"If I were a bird"를 반복했지만

"If I were an immigrant worker in South Korea"를

발화할 생각은 못 했고

"It is very difficult to master English"라고 말하며

영어라는 산 앞에서 좌절했었지만

"It is very difficult to master anything"이라는

당연한 이치를 기억해내지 못했습니다.

롤 플레이를 하면서

해당 역할을 앵무새처럼 따라 했었지

새로운 역할을 꿈꾸고

새로운 대본을 써볼 생각은 못했던 나날들이 있었죠.

생각하는 말,

살아 숨 쉬며 펄떡이는 말,

웃고 울고 분노하고 아파하고 손잡아주는 말을

가르치고 배우지 못했습니다.

삶을 위한 영어공부는

이처럼 아주 작은 것에서 시작합니다.

예문을 바꾸고

활동을 바꿉니다.

거기에서 시작합니다.

그리고 삶으로 나아갑니다.

배우고 표현하며

성찰하고 소통하며 연대하는 말로,

그리고 그 말이 울려 퍼질

세상으로.

당신의 가슴이

세계를 껴안는

변방으로,

경계로,

사람들 속으로.

　이 글을 읽고 저는 제 수업에 대해 깊이 반성할 수 있었습니다. 사실 저는 저연차 교사임에도 불구하고 아이들과 주변 선생님으로부터 수업을 잘한다는 평을 들어왔고, 스스로도 약간의 자부심을 가지고 있었습니다. 아이들이 제가 준비한 수업에 집중하고 열심히 따라주는 것을 보며 수업을 잘하고 있다는 자부심도 있었습니다. 컨설팅 장학위원들께서도 제 수업에 대해 '새내기 선생님답지 않게 능숙하다'라고 표현해주셨고, 아이들과의 자잘한 상호작용 측면에서는 뛰어나다고 평가해주셨습니다.

　하지만 아이들을 집중시키거나 능숙하게 다루는 것이 수업에서 가장 중요한 것은 아니었다는 생각이 들었습니다. 그 안에서 아이들이 무엇을 배우고 있는지, 아이들이 제 수업 안에서 사회의 구성원으로 살아 숨 쉬는 언어를 사용하고 있는지, 그들에게 영어는 어떤 것으로 인식되고 있을지 고민해본 순간 제 수업에는 아직 보완해야 할 점이 많다는 것을 받아들일 수밖에 없었습니다.

제 수업에서 아이들은 즐겁게 게임과 활동에 참여하고 있지만, 그 내용은 아이들의 삶과는 동떨어져 있었습니다. 아이들은 if 가정법을 배우면서 재미있는 게임과 활동에 참여하고 수십 개의 문장을 해석하고 영작하지만, 그렇게 많은 문장을 만들어보는 것 자체는 생각보다 중요하지 않을지 모릅니다. 그보다도 'if I were an immigrant worker in South Korea'라는 문장을 앞에 두고 우리 사회에 늘어나고 있는 이주노동자들에 대해 깊이 생각해보고, 그들의 입장에서 진지하게 고민하는 기회를 가지는 것이 아이들이 살아가는 데에 훨씬 더 중요하며, 그것이 오히려 해당 문장 구조를 마음으로 받아들일 수 있게 한다는 것을 깨우쳤습니다.

그 이후 저는 제 수업이 아이들의 삶과 계속해서 만날 수 있도록 최선을 다했습니다. 일례로 조동사 'should'를 배울 땐, 아이들이 자신의 고민을 익명으로 포스트잇에 써서 칠판에 붙이도록 했습니다. 그리고 한 명씩 나와서 포스트잇을 하나씩 고르고, 각각의 고민에 대한 조언을 'should'를 사용하여 쓰고 발표하도록 했습니다. 노래도 틀어주고 분위기를 잡아주자, 시시하다고 생각하던 아이들도 자신의 고민을 진지하게 포스트잇에 담기 위해 노력했고, 서로에게 성실하게 조언도 해주려 하였습니다. 그날 아이들은 어느 때보다도 눈을 반짝이며 수업에 참여했습니다.

또 'Responsibility^(책임감)'을 주제로 한 단원에서 아이들은 우리 주변에 만연한 사이버 폭력에 대해 알아보는 시간을 가졌습니다. 악플로 인한 유명 아이돌 가수의 자살과 관련된 여러 기사를 읽고 악플을 비롯한 사이버 폭력을 근절하기 위한 캠페인 영상을 직접 제작했고, 자신들이 좋은 메시지를 전달함으로써 사회의 일원으로 기여할 수 있음에 뿌듯함을 느끼고 진지하게 참여하기도 했습니다.

이처럼 삶과 수업이 이어져 있을 때 아이들은 마음에서 우러나오는 흥미를 느낄 것입니다. 아무리 재미있는 게임과 활동이라도 자신의 이야기만큼 재미있을 수는 없겠지요. 나의 삶, 우리의 삶, 나의 이야기, 우리의 이야기를 나누는 수업이라면 아이들은 자연스럽게 그 안에 녹아들어 배움을 얻어갈 것입니다.

사이버 폭력과 관련된 수업에 집중하는 아이들.

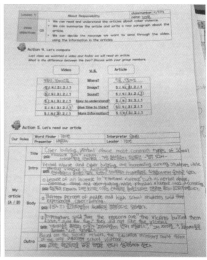

아이들이 작성했던 사이버폭력 관련 학습지.

시끄러운 아이들을 조용히 시키고, 수업에 집중할 수 있도록 익숙함과 새로움을 적절히 안배하고, 유튜브를 활용하여 아이들의 이목을 집중하도록 하는 것이 미시적인 수업의 기술이라면, 삶을 위한 수업을 만들어내는 것은 조금 더 거시적으로 수업의 내용을 돌아보자는 제언입니다. 매일매일의 수업이 잘 진행되도록 하는 것은 아이들이 지식을 받아들이고 활용할 수 있는 '장'을 만들어주기 위한 것이고, 수업의 내용을 삶과 연결시키는 것은 그 갈고 닦은 '장'에서 아이들이 삶에 꼭 필요한 것들을 얻어갈 수 있게 하는 것입니다. 아무리 장을 갈고 닦아도 그 안에서 아이들이 앵무새처럼 단편적으로만 지식을 학습한다면, 우리 공교육은 사교육과의 차별화를 이루어내지 못하고 의미 없는 공간으로 전락해버릴지도 모릅니다.

아이들이 지식을 받아들이는 것을 넘어 삶을 위해 활용하고, 배운 것을 몸소 실천하여 내 주변과 지역사회에 기여할 수 있는 훌륭한 시민으로 자라나기를 바라며, 저 역시 지치지 않고 수업을 갈고 닦아야겠다는 다짐을 해봅니다.

포스트 코로나 시대, 온라인 수업을 준비하자

2020년, 코로나 19로 인해 학교는 그야말로 '전쟁'을 치르고 있습니다. 사상 최초로 개학을 한 달여간 연기하는 것도 모자라, 모든 교사와 학생이 사상 최초로 온라인 학교를 다니게 되었습니다. 온라인으로 하는 조종례, 온라인으로 하는 수업, 온라인으로 하는 과제까지. 새롭게 열린 세계에 교사들은 정신을 차리기 힘들었습니다. 평소 디지털 기기나 인터넷 프로그램을 비교적 많이 사용하는 저도 온전히 온라인으로 수업을 진행하려니 걱정이 태산이었는데, 디지털 기기와 친숙하지 못한 원로 선생님들은 그야말로 '멘붕'이셨지요.

온라인 개학을 대비하던 3월과 4월, 저는 학교 여기저기를 돌아다니며 선생님들께 하나씩 차근차근 방법을 알려드렸습니다. 저 또

한 '신문물'을 접하며 열심히 배워가며 말이지요.

　전문가들은 우리가 '코로나 이전의 시대'로 돌아갈 수 없다고 말합니다. 코로나 19 사태가 서서히 완화된다고 하더라도 우리는 계속해서 감염증의 위험 속에 살아가게 될 것이라는 이야기입니다. 그중에서도 집단으로 생활하여 감염병에 취약한 학교는 또 다시 비대면의 형태, 즉

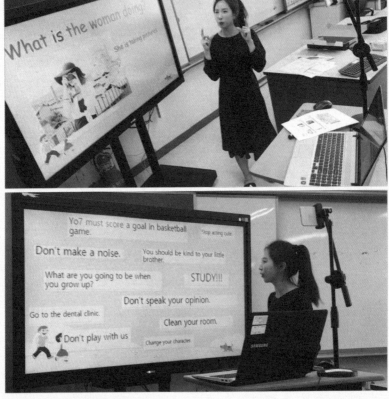

라이브로 온라인 수업을 하고 있는 모습.

온라인으로 수업을 진행해야 하는 상황을 마주하게 될 거라는 예측이 많습니다. 교사들은 그렇게 코로나 사태를 거치며 반강제로 온라인 학습에 익숙해져가고 있습니다.

제 고민은 이것입니다. '학교가 온라인으로 운영될 때, EBS를 비롯한 기타 인터넷 강의와 학교는 어떻게 달라야 하는가?'

단순히 지식을 설명하고 문제를 풀어주는 수업을 한다면, 유명한 1타 강사의 수업이 인터넷에 이미 존재하는데 무슨 의미가 있느냐는 것이지요. 학교가 학교로서의 의미를 지니려면 어때야 할까를 치열하게 고민했던 몇 주였습니다.

그리고 제가 내린 결론은 '아이들이 수업을 만들어가야 한다'는 것이었습니다. 아이들의 이름이 수업 시간에 거론되어야 하고, 아이들이 보낸 과제가 수업의 도구여야 하며, 아이들의 반응에 따라 수업이 변화해야 합니다. 아이들과 끊임없이 소통해야 하고 아이들로 하여금 이 수업을 내가 만들어가고 있다는 느낌을 주어야만, 시중의 인터넷 강의와 차별화되는 학교로서의 의미를 지닌다고 생각했습니다.

온라인을 통해 '아이들이 만드는 수업'을 만들기 위한 방법을 연구해보았습니다. 저는 기본적으로 쌍방향이 되어야 한다고 생각하여 아이들이 댓글을 쓸 수 있는 '네이버 밴드 라이브'를 통해 수업을 진행했습니다. 하지만 꼭 쌍방향 수업이 아니더라도 적용될 수 있는 것들입니다.

첫째, 수업을 이해했는지 확인하기 위한 간단한 과제를 줍니다. 이때 이메일이나 메신저 등으로 과제를 받으면 정리가 불편해서 저는 네이버폼(office.naver.com) 혹은 구글폼(docs.google.com/forms)의 설문지나 퀴즈 기능을 사용합니다. 아이들은 이때 질문을 할 수도 있고, 자신의 이해도를 체크해볼 수도 있습니다.

둘째, 수업을 시작할 때 이전 시간 과제에 대한 피드백을 줍니다. 개인적으로 모두 피드백을 보내줄 수 있다면 좋지만, 지나치게 많은 시간이 소요될 수 있습니다. 단순히 수업 이해를 묻는 간단한 과제라면 전체적으로 아이들이 많이 범하는 오류 등을 짚어주는 정도로 충분합니다. 성실하게 과제를 수행한 아이들의 답을 바탕으로 과제의 답을 확인해주는 것도 함께 해야 합니다.

셋째, 아이들의 글을 수업의 자료로 활용하는 것입니다. 가령 '투명인간'에 관련된 본문을 공부한 날엔 패들릿(padlet.com/로그인 없이 특정 파일 내에 글이나 사진 등을 포스팅하고 편집할 수 있는 사이트)에 "Have you ever felt invisible?(당신이 투명인간이 된 것처럼 느꼈던 적이 있나요?)"이라는 포스팅을 올리고, 아이들로 하여금 자신의 경험을 적도록 했습니다. 아이들은 자신의 경험을 나누었고, 그 다음 시간에 아이들의 글을 하나씩 읽으며 그 안에서 목표 언어형식을 지도했습니다. 또 다른 경우에는 멘티미터(mentimeter.com/코드를 입력하고 자신의 의견을 반영할 수 있는 쌍방향 프레젠테이션 제작 사이트)를 활용하여 아이들이 즉석으로 "What do you want your friend △△ to do?"에 대답해보도록 했고, 하나씩 함께 수업시간에 읽었습니다.

넷째, 아이들의 요구사항을 조금씩 수업에 반영하는 것입니다. 수업시간에 아이들의 상태와 반응을 보고 수업의 방식을 조금씩 조정하는 것처럼, 역시 아이들의 피드백을 반영하여 끊임없이 수업을 개선해 나가야 합니다. 이를 통해 아이들과 함께 호흡하는 수업을 만들 수 있습니다.

포스트 코로나 시대, 교사들은 얼굴을 보지 않아도 늘 우리가 함께한다는 인식을 줄 수 있는 수업을 해야 한다고 생각합니다. 이 사태를 스쳐 지나가는 단발적인 해프닝으로 보지 않고, 모두가 '학교다운' 온라인 학교를 만들어나가고자 노력하기를 바라봅니다.

교사는 아이들과 함께 성장한다

대학생이던 제가 아이들에게 해주고 싶은 말을 담은 《언니라고 불러도 돼요》를 펴낸 뒤로 꼬박 3년의 세월이 흘렀습니다. 평범한 교사 지망생이었던 저는 운 좋게도 교사가 될 수 있었고, 대학생 시절 가지고 있던 꿈을 하나씩 실현하며 교직 생활을 해나가고 있습니다. 그때를 생각하면 지금 학교에서 보내는 하루하루는 그토록 간절히 바라던, 꿈같이 행복한 나날입니다.

지금도 가끔 그 책을 펴보면 불과 3년 전의 글인데도 지금과는 생각이 꽤나 다른 부분이 있습니다. 그렇지만 결코 부끄럽지는 않습니다. 그때의 제가 너무나도 잘 녹아 있기 때문입니다. 학창 시절의 저를 조금씩 더듬어가며 아이들에게 한 글자 한 글자 꾹꾹 눌러 쓰듯이 따뜻하게 담아낸 그 글에서 저는 이십대 초반의 순수한 대학생이었던 저의 모습을 발견합니다. 그리고 아이들에게 사랑을 전하는 교사가 되기를 꿈꾸던 그때의 저를 되새김질하며 초심을 되찾곤 합니다.

이 책 역시 3년쯤 지나면 저 스스로도 동의할 수 없는 부분이 생길 것입니다. 다른 아이들을 만나고 다른 학교에서 근무하며 제 교육관과 철학은 또 다른 모습으로 변하겠지요. 아이들과 함께 저 역시 성장할테니까요. 그럼에도 저는 이 글을 사랑할 것입니다. 교직에 발을 들이고 아이들과 처음 부대끼며 느꼈던 '그때 그 시절'의 저를 가장 생생히 담고 있는 글이니까요. 다소 편협하고 어리숙할지라도 초임 교사만 경험할 수 있는 것들, 초임 교사만 느낄 수 있는 것들을 담아낸 이 책에, 그리고 이런 소중한 책을 펴낼 기회를 주신 '행복한미래'의 홍종남 대표님께 무한한 감사의 말씀을 전하고 싶습니다.

저는 아이들과 함께 성장했습니다. 미숙하고 엉성하던 첫해, 저를 시험에 들게 하던 많은 아이들 덕에 저는 한 발짝 더 진짜 '선생님'에 가까워지고 조금씩 저만의 교육관을 다듬어갈 수 있었지요. 그리고 '하은 쌤 덕후'를 자처하며 저를 찾아주는 아이들 덕에, 좋은 교사가 될 수 있다는 믿음도 가질 수 있었습니다. 또 여전히 어색하고 모르는 것투성이였던 두 번째 해, 스물여덟 명의 사랑스러운 아이들과 울고 웃고 상처 주고 상처받고 사랑하고 사랑받으며 교직이 어떤 것인지 조금씩 말할 수 있게 되었습니다. 이 아이들이 아니었다면 저는 단 한 장의 글도 써내려가지 못했을 것입니다. 학생과 교사 그 중간 어디쯤인 저를 성장할 수 있게끔 해준 우리 아이들에게, 너무나도 고맙다고 이야기하고 싶습니다.

더불어 함께한 모든 동료 선생님들께 진심으로 감사의 말씀을 전하고 싶습니다. 동료 선생님들은 제 영감의 원천이자 마냥 행복하지만은 않은 학교생활을 견뎌내는 힘입니다. 선생님들이 없었다면 저는 몇 번이나 무너졌을지도 모릅니다. 누군가를 가르치는 선생님으로서 학교에 있지만, 늘 학생의 마음으로 선생님들께 배우고 또 배울 것입니다.

함께 공부하고 함께 교직 생활을 하고 있는 대학 동기들에게도 고맙고 사랑한다는 말을 전하고 싶습니다. 각자의 어려움을 견뎌내고 자신의 자리에서 최선을 다하는 너희들이 자랑스럽다고, 앞으로도 꼭 서로의 자극제로서 함께하자고 이야기하고 싶습니다. 그리고 마지막으로 모든 어려움을 견뎌내는 근본적인 힘이자 언제나 저를 응원하고 사랑해주는 가족에게 마음 깊이 사랑한다는 말을 전하고 싶습니다.

싱그러운 봄날 같은 이 초임 시절의 기억을 잊지 않기를 바라며,

2020년 8월